VoG Verlag ohne Geld e.K.

n.14

Lorella Rotondi wurde in San Bendetto del Tronto in der Provinz Ascoli-Piceno geboren. Sie hat in Perugia studiert, lebt in Chianti und unterrichtet in Florenz. Als Publizistin und Autorin hat sie für verschiedene Zeitschriften kritische Arbeiten über zeitgenössische Autoren veröffentlicht. Zahlreich sind auch ihre Veröffentlichungen von Märchen für Kinder.

Lorella Rotondi è nata a San Benedetto del Tronto, provincia Ascoli-Piceno. Ha studiato a Perugia, vive in Chianti e insegna a Firenze. Come autrice e giornalista ha pubblicato diversi saggi critici di autori contemporanei. Numerosi sono anche le sue pubblicazioni di favole per bambini.

– o 0 o –

Ada Zapperi Zucker ist in Catania (Sizilien) geboren. In Rom hat sie mit dem Gesang- und Klavierstudium begonnen und an der Musikhochschule Wien beendet. Gleichzeitig hat sie für das *Dizionario Biografico degli italiani* des *Istituto Treccani*, die *Enciclopedia dello Spettacolo* und an der *Enciclopedia Universo De Agostini* gearbeitet. Ihre sängerische Karriere ist hauptsächlich außerhalb Italiens abgelaufen. Sie unterrichtet Gesang in Deutschland und in Südtirol.
Von dem Südtiroler Maler Gotthard Bonell wurde sie in Malerei unterrichtet.

Ada Zapperi Zucker è nata a Catania. A Roma ha iniziato gli studi di canto e pianoforte per poi concluderli alla Musikhoschule di Vienna. Nello stesso tempo ha collaborato per il Dizionario Biografico degli italiani dell'Istituto Treccani, all'Enciclopedia dello Spettacolo e all'Enciclopedia Universo De Agostini. Cantante lirica ha svolto la sua attività prevalentemente all'estero. Insegna canto in Germania e in Sudtirolo.
Con Gotthard Bonell ha studiato pittura.

Ihre Veröffentlichungen haben in Italien verschieden nationale und internationale Preise bekommen, die wichtigsten sind;:
I suoi scritti letterari hanno ottenuto vari riconoscimenti nazionali e internazionale, i più importanti sono:

2015	Primo Premio *San Domenichino* per i racconti *La cucchiara*
2012	Primo Premio *Casentino,* per il romanzo *Teatro di ombre*
2012	Premio *Stiftung Kreatives Alter, Zürich* per i racconti *Le inquietudini della sora Elsa*
2011	Primo Premio *Chianti,* per il romanzo *Il silenzio*
2008	Primo Premio *Giovanni Gronchi,* per i racconti *La scuola delle catacombe*

Personen und Handlungen sind frei erfunden, die geschichtlichen Ereignisse beruhen aber auf Tatsachen.

Personaggi e situazioni dei racconti sono frutto della fantasia, non così i fatti storici.

ISBN 978-3-943810-16-5

Registergericht München HRA 99261
www.verlagohnegeld.de
Gesamtgestaltung / Impaginazione: Heinz Weih
Deutsches Lektorat: Bärbel Yücel
Editing italiano: Fabio Zamboni (Sicilia)
Mauro Santoni (Toscana)

Umschlagbild / In copertina: Ada Zapperi, *La quartara*, 1998

Lorella Rotondi
Ada Zapperi Zucker

Von Sizilien in die Toskana

Zweisprachige Erzählungen
Deutsch von Dominikus Andergassen

Dalla Sicilia alla Toscana

Racconti in due lingue

Sicilia

Tre racconti
di
Ada Zapperi Zucker

Sizilien

Drei Erzählungen
von
Ada Zapperi Zucker

L'Orvu il muratore

All'inizio degli anni Cinquanta, mia madre, dopo lunga riflessione, valutando i pro e i contra, concluse che anche le bambine avevano diritto a una stanza tutta per loro! Alla buon'ora: anche le bambine avevano dei *„diritti"*. Si annunciava forse una nuova era? Fino ad allora, non soltanto nella lontana Sicilia, ma anche nella civilissima Inghilterra e in Germania, come si può dedurre dalla letteratura, non si era mai tenuto conto della necessità per un essere di sesso femminile di avere „una stanza tutta per sé" come scrive Virginia Woolf: si stava smuovendo qualcosa?

La casa era grande, i ragazzi infatti potevano disporre di una camera da letto più uno studio per fare i compiti, indisturbati, mentre le bambine in qualche modo dovevano arrangiarsi. A suo tempo era stato fatto costruire un divano letto, il cosiddetto *sommier*, ampio, robusto, resistente a salti e a eventuali maltrattamenti cui sarebbe stato sottoposto, sistemato nella stanza da pranzo buona. Qui una – due volte l'anno si ricevevano i parenti per festeggiare Natale e Capodanno; per il resto era inutilizzata. Progettato per le due bambine – da qui le sue proporzioni – mia sorella, più grande di me, fin dal primo momento decise che quello era il suo letto e basta: non per niente era arrivata prima di me, motivo del tutto inconfutabile. Inoltre non permetteva a nessuno (cioè a me) di metterci anche solo un piede sopra. Per me la situazione non cambiò di un filo: senza fissa dimora, vagavo da una stanza all'altra, dormendo ora qui ora là, a seconda dei letti vuoti a disposizione.

Orvu, der Maurer

Zu Beginn der fünfziger Jahre kam meine Mutter nach langem Überlegen, das Für und Wider abwägend, zum Schluss, dass auch die Mädchen ein Recht auf ein eigenes Zimmer hatten! Na endlich: Auch die Mädchen hatten „Rechte". Kündigte sich vielleicht eine neue Zeit an? Bisher hatte man nicht nur im fernen Sizilien, sondern auch im höchst zivilisierten England und in Deutschland, wie man aus der Literatur schließen konnte, niemals dem Bedürfnis eines weiblichen Wesens nach „einem eigenen Zimmer" Rechnung getragen, wie Virginia Woolf schreibt: Rührte sich da vielleicht etwas?

Das Haus war groß; in der Tat verfügten die Knaben über ein eigenes Schlafzimmer und ein Studierzimmer, wo sie ungestört die Aufgaben machen konnten, während die Mädchen sich irgendwie arrangieren mussten. Man ließ dann ein Schlafsofa anfertigen, das sogenannte *Sommier*, großzügig, robust, eines, das eventuellen Sprüngen darauf und Misshandlungen, denen es ausgesetzt sein könnte, standhalten würde, es wurde im guten Esszimmer untergebracht. Hier empfing man ein-, zweimal im Jahr die Verwandten, um Weihnachten und Neujahr zu feiern; darüber hinaus blieb es unbenutzt. Geplant für die beiden Mädchen – daher auch seine Proportionen – beschloss meine Schwester, älter als ich, vom ersten Augenblick an, dass es ihr Bett sei und Schluss. Nicht umsonst war sie vor mir da gewesen, ein gänzlich unwiderlegbares Argument. Zudem erlaubte sie niemandem (das heißt mir), auch nur einen Fuß darauf zu setzen. Für mich änderte sich die Lage um keinen Deut: Ohne feste Bleibe, irrte ich von einem Zimmer ins nächste,

La nostra casa confinava con un cortile, chiuso dalla parte della strada da un muretto. Alzare il muro, mettere un pavimento e un soffitto sarebbe stato cosa da poco, così la riflessione di mia madre, non tenendo conto del fatto che suo fratello, quello che abitava al piano di sopra, era comproprietario dello stesso cortile. Neanche a dirlo, ne nacque una causa assai dispendiosa, con avvocati delle due parti, più risarcimento danni e ostilità di carattere privato che mi sembra inutile raccontare. Una storia che si protrasse per anni.

Per la progettazione di questi lavori fu chiamato un geometra. Venne, guardò con aria assai professionale, disse che era cosa da poco e andò via. Qualche giorno dopo arrivò una fattura. Per consulenza tecnica!

In realtà ci voleva un muratore.

Donna Carolina, la lavandaia, una donnetta minuscola che non si sapeva bene da dove le venisse tutta quella forza per fare tanti bucati, disse subito di conoscerne uno, un brav'uomo; buono come un pezzo di pane, aggiunse, e tanto sfortunato. Devo subito aggiungere che la nostra domestica mai si sarebbe abbassata a lavare un qualsiasi indumento o biancheria della casa: questi erano i patti... ecco perché in tutti gli anni della mia infanzia vidi venire, una volta la settimana, quella buona anima di donna Carolina, professionista, per modo di dire, nel lavaggio di vestiti, biancheria e altro. Allora in Sicilia la lavatrice non era ancora conosciuta.

Il giorno seguente, avvertito da donna Carolina, arrivò l'Orvu[1], il muratore.

---

[1]Orbo, guercio.

schlief einmal hier und einmal da, je nach Verfügbarkeit eines leeren Bettes.

Unser Haus grenzte an einen Innenhof, der auf der Straßenseite durch eine Mauer abgeschirmt war. Die Mauer erhöhen, einen Fußboden und eine Decke einziehen wäre eine Kleinigkeit gewesen, so die Überlegung meiner Mutter, die Tatsache nicht berücksichtigend, dass ihr Bruder, der im oberen Stock wohnte, Miteigentümer desselben Innenhofes war. Natürlich erwuchs daraus ein ziemlich kostspieliges Gerichtsverfahren, mit Anwälten auf beiden Seiten, zuzüglich Schadenersatz und Zwistigkeiten privater Natur, die zu erzählen mir überflüssig erscheint. Eine Geschichte die sich über Jahre hinzog.

Für die Planung der Arbeiten wurde ein Geometer gerufen. Er kam, sah sich mit ziemlich professionellem Blick um, sagte, dass es eine Kleinigkeit wäre, und ging wieder. Einige Tage später kam eine Rechnung. Für die technische Beratung!

In Wirklichkeit brauchte es einen Maurer.

Donna Carolina, die Wäscherin, ein kleines Frauenzimmer, bei dem man nicht wusste, woher es all die Kraft nahm, um haufenweise Wäsche zu bewältigen, sagte sofort, sie kenne einen, einen guten Mann; „Gut wie ein Stück Brot", fügte sie hinzu, und ein Pechvogel. Ich muss gleich hinzufügen, dass sich unsere Haushälterin nie herabgelassen hätte irgendein Kleidungsstück zu waschen: das waren die Abmachungen ... deshalb sah ich in all den Jahren meiner Kindheit, wie die gute Seele, Donna Carolina, sozusagen Fachfrau für das Waschen von Kleidern, Unterwäsche und anderem, zu uns kam. Damals war die Waschmaschine auf Sizilien noch unbekannt.

Am folgenden Tag kam, von Donna Carolina benachrichtigt, Orvu[2], der Maurer.

---

[2]Spitzname, etwa der Schieläuguge

Di statura assai superiore alla media – un metro e novanta, forse più – fra i quaranta e i cinquant'anni, allampanato e un po' sbilenco, era soprattutto strabico fino all'inverosimile. Due occhietti di colore indefinibile, infossati al punto che quasi sparivano nelle orbite, guardavano il mondo pieni di stupore e di disarmante ingenuità. Quasi questo non bastasse, il suo viso era scosso da guizzi nervosi, una specie di tic che lo costringeva a contrarre i lineamenti con l'effetto di una scarica elettrica. A guardarlo si correva il rischio di imitare quegli stiramenti, quelle smorfie per simpatia, ma anche per una sorta di istinto scimmiesco che sembra essere una vecchia eredità umana. (Io e mia sorella, infatti, ogni tanto ci mettevamo davanti allo specchio e giù a tirare smorfie).

Magro e legnoso, continuava a piegarsi in due, imbarazzato da due gambe e due braccia di lunghezza decisamente superiore alla media, se si considera che i suoi conterranei, in generale, non superano il metro e sessanta. Fosse vissuto nel Nord Europa, nessuno lo avrebbe notato. Chissà cosa avrebbe dato per avere una statura normale, non dover guardare tutti dall'alto, esser condannato ai motteggi della gente, tipo: „che aria tira lassù" o ancora „che tempo fa lassù" cui non aveva mai trovato una risposta sensata.

Parlare con lui non era un'impresa facile. Per una millenaria abitudine, gli essere umani sentono la necessità, quando parlano fra di loro, di guardarsi in faccia, per osservare negli occhi dell'altro possibili reazioni positive o negative: sei un amico o un nemico? Nel caso dell'Orvu, il problema era dove guardare, cioè come incontrare il suo sguardo. Si fissava allora un occhio, il primo che capitava, cercando di non lasciarsi distrarre dalle contrazioni nervose del resto della

Von überdurchschnittlicher Größe – einsneunzig, vielleicht auch mehr – zwischen vierzig und fünfzig, spindeldürr und ein wenig krumm gewachsen, war er vor allem unvorstellbar schieläugig. Zwei kleine Augen undefinierbarer Farbe, derart tief eingegraben, dass sie beinahe in den Augenhöhlen verschwanden, betrachteten die Welt voller Staunen und mit entwaffnender Naivität. Beinahe als genüge das noch nicht, wurde sein Gesicht von nervösen Zuckungen gebeutelt, eine Art Tick, der ihn zwang, die Gesichtszüge wie unter elektrischen Stößen zusammenzukneifen. Wenn man ihn ansah, lief man Gefahr diese Zuckungen, diese Grimassen aus Sympathie zu kopieren, aber auch wegen einer Art äffischem Nachahmungstrieb, der ein altes menschliches Erbe zu sein scheint. (Ich und meine Schwester stellten uns in der Tat ab und zu vor den Spiegel und schnitten Grimassen.)

Mager, steif, versuchte er ständig sich vornüber zu beugen, immer verlegen wegen der entschieden überdurchschnittlich langen Beine und Arme, waren doch seine Landsleute im allgemeinen nicht größer als etwa eins-sechzig. Hätte er in Nordeuropa gelebt, wäre er niemandem aufgefallen. Wer weiß, was er dafür gegeben hätte, eine normale Statur zu haben, und nicht alle von oben herab anschauen zu müssen, und den Spötteleien der Leute ausgesetzt zu sein, wie etwa: „Wie ist die Luft dort oben?", oder „wie ist das Wetter dort oben?", auf die er nie eine sinnvolle Antwort gefunden hatte.

Mit ihm zu reden war kein einfaches Unterfangen. Wegen einer Jahrtausende alten Gewohnheit, empfinden die menschlichen Wesen die Notwendigkeit sich ins Gesicht zu schauen, wenn sie miteinander reden, um in den Augen des Anderen positive oder negative Reaktionen zu sehen: Bist du eine Freund oder ein Feind? Im Falle Orvus war das Problem, wohin man schauen sollte, um seinem Blick zu begegnen. Man fixierte also ein Auge, das erste, dem man begegnete,

faccia: ma che garanzia si aveva che quello fosse l'occhio giusto? Nessuna. Infatti aveva l'abitudine di girare la testa di traverso, come fanno gli uccelli, cercando di appuntare un solo occhio sull'interlocutore. Finito di scrutare con uno, girava la testa nella direzione opposta e fissava con la stessa intensità, ma con l'altro occhio, l'oggetto del suo interesse: quale era l'occhio giusto?

Come se tutto ciò non bastasse, era affetto da una balbuzie mozzafiato.

Non sembra vero – era proprio perseguitato dalla malasorte. Bisogna proprio dare ragione a Donna Carolina: era veramente tanto sfortunato!

Finché ascoltava, a parte il contrattempo con gli occhi, la situazione era abbastanza chiara: i guai cominciavano quando annunciava di voler rispondere. Con un gesto piuttosto vago della lunga mano, sempre un po' macchiata di calce, preparava sé e l'ascoltatore alla grande avventura. Gli inizi erano sempre pericolosi, ogni parola una trappola. Soprattutto le prime sillabe nascondevano trabocchetti pressoché insormontabili; ma quando, dopo ripetuti tentativi, ne veniva fuori, si impigliava nella prossima insidia sillabica e ognuno si sentiva cadere le braccia: una conversazione, se così si può chiamare, interrotta da frequenti sospiri, contorcimenti, sbuffi e molta saliva... e qui bisognava mettersi al riparo, il più lontano possibile! Capitava però che nel bel mezzo di una lunga frase assai tormentata, qualcosa sconvolgesse l'ordine o la sequenza della sua respirazione. Il viso disteso, la voce ferma: un altro uomo. Il discorso fluiva, allora, senza intoppi, sciolto, veloce, ogni parola pronunciata con esasperata correttezza, mentre gli ascoltatori allibiti non si permettevano neanche di fiatare. Seguiva un lungo silenzio. Lui stesso, sorpreso, ammutoliva di colpo, confuso e più che mai

im Versuch sich nicht von den nervösen Zuckungen des Gesichts ablenken zu lassen; aber welche Garantie hatte man denn, dass es das richtige Auge war? Keine. In der Tat hatte er die Gewohnheit den Kopf seitlich gedreht zu halten, wie es die Vögel machen, um nur ein Auge des Gegenüber zu fixieren. Wenn er mit der Beobachtung von dem einen fertig war, drehte er den Kopf in die entgegengesetzte Richtung und fixierte das Objekt seines Interesses mit derselben Intensität, nur mit dem anderen Auge: welches Auge war das richtige? Als hätte das nicht genügt, litt er zudem unter einem atemberaubendem Stottern.

Es war unglaublich, wie sehr ihn das Missgeschick verfolgte. Man musste Donna Carolina einfach Recht geben: er war wirklich ein Pechvogel.

Solange er zuhörte, von der Behinderung der Augen abgesehen, war die Lage einigermaßen klar; die Probleme begannen, wenn er ankündigte antworten zu wollen. Mit einer ziemlich vagen Geste der langen Hand – immer etwas mit Kalk bekleckst – bereitete er sich und den Zuhörer auf das große Abenteuer vor. Die Anfänge waren immer gefährlich, jedes Wort eine Falle. Besonders die ersten Silben verbargen gewissermaßen unüberwindliche Fallgruben; wenn er aber diese nach wiederholten Versuchen überwunden hatte, verfing er sich in den Tücken der nächsten Silben, und jedem mussten dabei die Arme in den Schoß fallen. Ein Gespräch, wenn man es so nennen konnte, von häufigen Seufzern, Verrenkungen, Schnauben und viel Speichel – da musste man sich weit genug entfernt in Sicherheit bringen – unterbrochen. Es passierte aber, dass inmitten eines langen, ziemlich gequälten Satzes etwas die Ordnung oder die Reihenfolge seiner Atmung verwirrte. Welch entspanntes Gesicht, welch feste Stimme: Ein anderer Mensch. Das Gespräch floss dann ohne Hemmungen, gelöst, schnell, jedes Wort mit übertriebener Korrektheit ausgesprochen, wäh-

imbarazzato.

Tolte queste difficoltà di comunicazione, era un bravo muratore.

Cominciò subito a venire ogni mattina, assai presto, per iniziare i lavori. Verso mezzogiorno faceva una piccola pausa per mangiare un boccone e dato che mia madre si trovava in cucina per preparare il pranzo, chiedeva: '*pi-pi-pirmissu*[3]" e si sedeva in un angolo cavando di tasca un minuscolo pacchetto che apriva con estrema cautela, quasi temesse di vederne uscire qualcosa di vivo o di scivoloso. Ogni volta che addentava il suo sfilatino, ripieno di non si capiva bene cosa, aveva cura di mettere una mano davanti, forse per evitare che si vedesse l'enorme porzione di pane che riusciva a infilare in bocca, con l'appetito che si ritrovava. Inoltre pensava fosse suo dovere intrattenere mia madre con qualche parola di circostanza; ma sarebbe meglio dire, con qualche mezza parola, dato che spesso ne inghiottiva una buona metà; senza considerare che per disperazione, il più delle volte non arrivava alla fine dei suoi discorsi. Era tutta questione di pazienza e mia madre, molto flemmatica per carattere, di pazienza ne aveva da vendere.

Inoltre, quell'uomo la divertiva.

Coperto di stracci, non era possibile distinguere né il colore né la forma dei suoi indumenti: mia madre, conosciuta nel quartiere per le sue opere di carità, si preoccupò subito di cercare pantaloni e camicie di mio padre. Solo che fra i due c'erano almeno trenta centimetri di differenza. I pantaloni gli arrivavano giusto sotto il polpaccio senza contare

[3]Permesso, locuzione tipica italiana.

rend die verblüfften Zuhörer nicht einmal zu atmen wagten. Es folgte ein langes Schweigen. Er, selbst überrascht, verstummte plötzlich, verwirrt und mehr denn je verlegen.

Abgesehen von diesen Kommunikationsproblemen war er ein braver Mauer.

Er kam ab sofort jeden Morgen, ziemlich früh, um mit der Arbeit zu beginnen. Gegen Mittag machte er eine kleine Pause, um einen Happen zu essen, und da meine Mutter sich in der Küche befand, um das Mittagessen zuzubereiten, fragte er: „Isss-isss-isss-es-erlaubt?", und setzte sich in eine Ecke, zog ein winziges Päckchen aus der Tasche, das er mit extremer Vorsicht öffnete, beinahe so, als fürchte er, er könnte da etwas Lebendiges, etwas Glitschiges herausschlüpfen sehen. Jedes Mal, wenn er in das Brötchen biss, bei dem man nicht verstand, mit was es belegt war, bemühte er sich, eine Hand davor zu halten, vielleicht um zu verhindern, dass man das enorme Stück Brot sehen konnte, das er, angesichts des Appetits, den er hatte, in den Mund zu stopfen vermochte. Außerdem dachte er, dass es seine Pflicht sei, meine Mutter mit irgendwelchen Belanglosigkeiten zu unterhalten; vielleicht wäre es besser zu sagen, mit einigen halben Wörtern, angesichts der Tatsache, dass er häufig die Hälfte verschluckte, ohne zu berücksichtigen, dass er oft aus Verzweiflung nicht ans Ende seiner Diskurse kam. Es war alles eine Frage der Geduld, und meine Mutter, sehr phlegmatisch von Natur aus, hatte Geduld im Überschuss.

Außerdem belustigte sie dieser Mann.

Mit Lumpen bekleidet, war es unmöglich weder die Farbe noch die Form seiner Kleidungsstücke zu erkennen. Meine Mutter, im Viertel wegen ihrer Wohltätigkeit bekannt, kümmerte sich sofort darum und suchte Hosen und Hemden meines Vaters für ihn zusammen, aber leider betrug der Größenunterschied zwischen beiden mindestens dreißig Zentimeter. Die Hosen reichten ihm gerade bis an die Wa-

che erano troppo larghi. Rassegnato, anzi scusandosi, quasi fosse colpa sua, restituì tutto, tenendo soltanto una camicia, forse per accontentare mia madre.

Mentre lavorava spesso si metteva a cantare, intonato, con voce gradevole. Allora non balbettava, anzi la voce correva senza interruzioni di sorta. Una vera liberazione per tutti. Il suo repertorio era estremamente limitato. Aveva però delle chiare predilezioni. A parte alcune canzoni siciliane, (*Ciuri, ciuri*[4] e altra roba del genere) sempre le stesse, a volte, se aveva una buona giornata, si sbilanciava in regioni continentali, con puntate rovinose su „Parlami d'amore, Mariù", con opportune modifiche linguistiche, dato che lui cantava solo in dialetto. Per esempio non si permetteva mai di pronunciare la parola „amore" non so se per rispetto verso le donne della casa, o per un suo pudore personale. Al posto di amore diceva „muffa", per cui l'inizio era sempre lo stesso, *„Parrimi di muffa, Mariú"*, proseguendo poi nei modi più stravaganti, „l'unica rovina sei tu", oppure „una grande rogna sei tu[5]", evitando accuratamente di pronunciare frasi di senso positivo. Noi tendevamo curiose l'orecchio per cercare di capire le parole, anche perché aveva l'abitudine di cantare a bassa voce, per riguardo o per timidezza. Per noi era un diversivo inatteso ed eccitante, e se qualcuno di noi riusciva a captare una frase particolarmente originale, correva subito a ripeterla agli altri, accolto da grandi risate.

Lui era ignaro di tutto.

[4] „Fiore, fiore", canzone popolare siciliana.
[5] Testo originale di una famosa canzone degli anni Trenta: „Parlami d'amore, Mariù, tutta la mia vita sei tu".

den, ohne zu berücksichtigen, dass sie viel zu weit waren. Resignierend, das heißt sich entschuldigend, beinahe so, als wäre es seine Schuld, gab er alles zurück und behielt nur ein Hemd, vielleicht um meine Mutter zufriedenzustellen.

Während er arbeitete, begann er häufig zu singen, wohlgestimmt, mit angenehmer Stimme. Da stotterte er nicht, im Gegenteil, die Stimme floss ohne irgendeine Unterbrechung. Eine wahre Befreiung für alle. Sein Repertoire war äußerst begrenzt. Er hatte aber klare Vorlieben. Abgesehen von einigen sizilianischen Liedern (*Ciuri, Ciuri*[6] und andere in der Art), immer dieselben, wagte er sich, wenn er einen guten Tag hatte, in die Regionen des Festlandes hinaus, mit ruinösen Abstechern zu *„Parlami d'amore, Mariù"*[7], mit den entsprechenden linguistischen Änderungen, angesichts der Tatsache, dass er nur im Dialekt sang. So zum Beispiel erlaubte er sich nie das Wort „amore", Liebe, auszusprechen, ich weiß nicht, ob aus Rücksicht auf die Hausherrin oder aus persönlicher Scham. Anstelle von Liebe, sagte er „Muffa", Schimmel, weshalb der Liedanfang immer derselbe war: „Parrimi di muffa, Mariù", während er dann auf die verschrobenste Art fortfuhr: „das einzige Verderben bist du", oder „eine große Schererei bist du", sorgfältig darauf achtend, ja keine Sätze mit positivem Inhalt auszusprechen. Wir spitzten neugierig die Ohren, im Versuch die Worte zu verstehen, auch weil er die Angewohnheit hatte, aus Rücksicht oder aus Scheu leise zu singen. Für uns war er eine unerwartete und aufregende Abwechslung, und wenn jemand von uns imstande war einen besonders originellen Satz aufzuschnappen, rannte er sofort zu den anderen, um ihn, von allen mit lautem Gelächter aufgenommen, zu wiederholen.

Er wusste davon nichts.

---

[6] „Blume, Blume", sizilianisches Volkslied.

[7] „Sprich zu mir von Liebe, Mariù, mein ganzes Leben bist du." Italienischer Schlager aus den dreißiger Jahren.

Mia madre in poco tempo era riuscita a guadagnarsi la sua fiducia, tanto che aveva cominciato a raccontarle, con frasi smozzicate, qualche episodio della propria vita. Così, con nostra grande sorpresa, venne fuori che da giovane era stato sposato. Ora, superati i quarant'anni, si considerava un ferro vecchio, fuori combattimento. Senza voler dare troppo peso alla cosa, aggiunse che la moglie, dopo pochissimo tempo lo aveva abbandonato. Cioè un giorno, al ritorno dal lavoro, non l'aveva trovata in casa. E non era più tornata. Non sapeva spiegarsene il motivo. D'altra parte non si era neanche preoccupato di cercarla. Perché troppo offeso, disse senza troppa convinzione. O forse solo per indolenza, come è facile supporre. Alle domande di mia madre non seppe trovare una scusa soddisfacente. Inoltre si era portata via la suaroba e tutto il resto, svuotando praticamente la casa. Gli aveva lasciato giusto *trispiti e tavuli*[8] (forse anche un materasso) e *l'occhi pi chianciri*[9]. Mia madre non credette a quest'ultima frase: non sembra essere il tipo che piange per l'abbandono di una donna, fu il suo commento.

Un'altra volta accennò che il compare[10], e non spiegò che tipo di comparatico li legasse, anche lui muratore e prima assiduo frequentatore della sua casa, da allora non si era più fatto vedere, tanto da fargli venire il sospetto che la cosa potesse avere una qualche relazione con la scomparsa della moglie.

In realtà la storia non era recente, a sentir lui risaliva a vent'anni prima, per cui ne parlava con un certo distacco, come di acqua passata, omettendo forse particolari importanti

[8]Trespoli e tavole: arnesi di ferro necessari per reggere appunto le tavole e i relativi materassi. Letti usati in altri tempi.
[9]Gli occhi per piangere
[10]Padrino e anche amico o complice.

Meine Mutter konnte in kürzester Zeit sein Vertrauen gewinnen, sodass er angefangen hatte, ihr in verstümmelten Sätzen einige Episoden seines Lebens zu erzählen. So kam zu unserer großen Überraschung heraus, dass er in jungen Jahren verheiratet gewesen war. Jetzt, nachdem er die Vierzig überschritten hatte, zählte er sich zum alten Eisen, außer Gefecht. Ohne der Sache zu viel Gewicht geben zu wollen, fügte er hinzu, dass ihn die Frau nach kürzester Zeit verlassen hatte. Das heißt, eines Tages, von der Arbeit zurück, hatte er sie nicht im Haus angetroffen. Sie war nicht mehr zurückgekommen. Er konnte sich den Grund nicht erklären. Andererseits hatte er sich aber auch nie bemüht sie zu suchen. Weil er zu sehr beleidigt war, sagte er ohne besondere Überzeugung. Oder vielleicht nur aus Trägheit, wie man sich leicht vorstellen konnte. Auf die Fragen meiner Mutter, fand er keine zufriedenstellende Ausrede. Außerdem hatte sie ihre Sachen und den ganzen Rest mitgenommen, hatte praktisch das ganze Haus ausgeräumt. Sie hatte ihm gerade einmal das Bettgestell und den Lattenrost gelassen (vielleicht auch eine Matratze) und die Augen zum Weinen. Meine Mutter schenkte diesem letzten Satz keinen Glauben: er schien ihr nicht der Typ zu sein, der weinte, weil ihn eine Frau verlassen hat, so ihr Kommentar.

Ein anderes Mal spielte er darauf an, dass ein Gevatter – er sagte nicht, welche Art der Beziehung sie verband –, auch er Maurer und früher ständiger Gast in seinem Haus, sich seitdem nicht mehr hatte blicken lassen, sodass ihm der Verdacht gekommen war, dass die Sache vielleicht etwas mit dem Verschwinden seiner Frau zu tun haben könnte.

In Wirklichkeit handelte es sich nicht um eine frische Angelegenheit; wollte man ihm glauben, lag sie zwanzig Jahre zurück, weshalb er mit einer gewissen Distanz davon sprach, wie von abgestandenem Wasser, vielleicht wichtige Einzelheiten unterschlagend, die hätten helfen können, die ganze Geschichte besser zu verstehen. Er wiederholte, dass

che avrebbero aiutato a capire tutta la faccenda. Ripeteva che allora era *giu-giu-giuvini, di te-te-testa le-le-leggia*[11].

Da qualche settimana abitava in una casa in costruzione, senza luce e senza acqua. Forse mancavano anche i servizi igienici, ma non ne fece parola. Lui stesso insieme a un altro muratore aveva avuto l'incarico di costruire appunto quel *basso*[12]; avevano tirato su i muri, messo il tetto e a questo punto erano mancati i *capitali.*

Deciso a tutto, trascorse una notte rannicchiato sulla soglia della porta di casa del suo datore di lavoro, la giacca sotto la testa a mò di cuscino, dichiarando, in quel suo modo assai avventuroso, che si sarebbe mosso soltanto dopo aver ricevuto la somma pattuita. Poi, visto che il cosiddetto datore di lavoro, la mattina seguente, assai di buon'ora era uscito, scavalcandolo senza svegliarlo, prese trespoli e tavole dalsuo basso, il materasso e una sedia e si sistemò nella casa in costruzione: da lì sarebbe uscito solo con la forza. Era trascorsa una settimana e non era successo niente, solo che non aveva né soldi né lavoro.

L'altro muratore, ovviamente, fu subito pagato.

Ogni pomeriggio, finita la giornata di lavoro, si affrettava a rientrare sempre incerto sull'attuale stato delle cose: avrebbe trovato la sua roba buttata per strada, i carabinieri pronti ad arrestarlo, o il padrone con i soldi in mano?

All'angolo della strada, immancabilmente, lo aspettava il suo vecchio gatto, col quale aveva un particolare rapporto d'amicizia.

Prendeva allora la sua unica sedia, la metteva davanti all'uscio senza porta e mangiava il suo pane quotidiano, ac-

---

[11]Giovane e con la testa vuota

[12]Casa assai modesta, spesso un seminterrato.

er damals „ju-ju-jung, mmmit lee-lee-leerem Ko-ho-kohopf" gewesen sei.

Seit einigen Wochen hauste er in einem in Bau befindlichen Haus, ohne Strom und ohne Wasser. Vielleicht fehlten auch Bad und Klo, er aber sagte kein Wort. Er selbst hatte gemeinsam mit einem anderen Maurer den Auftrag erhalten, eben dieses sehr bescheidene Haus zu bauen. Sie hatten die Mauern hochgezogen, das Dach daraufgesetzt, und an diesem Punkt war das Kapital aufgebraucht.

Zu allem bereit, verbrachte er eine Nacht zusammengekauert an der Hausschwelle seines Arbeitgebers, die Jacke anstelle eines Kissens unterm Kopf, erklärte er auf seine ziemlich abenteuerliche Art, dass er sich von dort nur entfernt hätte, wenn er die vereinbarte Summe erhalten hätte. Dann, nachdem der sogenannte Arbeitgeber am nächsten Morgen, zu früher Stunde das Haus verlassen hatte, ohne ihn zu wecken, indem er einfach über ihn drüber gestiegen war, nahm er sein Bettgestell und seinen Lattenrost aus seiner Bleibe, die Matratze und einen Stuhl, und richtete sich in dem in Bau befindlichen Haus ein: von dort wäre er nur mit Gewalt wegzubringen gewesen. Es sei eine Woche vergangen und nichts sei passiert, bloß dass er weder Geld noch Arbeit hatte.

Der andere Maurer wurde natürlich sofort bezahlt.

Jeden Abend, zum Ende des Arbeitstages, beeilte er sich heimzukommen, immer unsicher über den aktuellen Stand der Dinge: Würde er seine Sachen auf der Straße wiederfinden, die Carabinieri bereit ihn festzunehmen, oder den Besitzer mit dem Geld in der Hand?

An der Straßenecke wartete unvermeidlich sein alter Kater auf ihn, mit dem er eine besondere Freundschaft pflegte.

Er nahm also seinen einzigen Stuhl, stellte ihn vor die Hausschwelle ohne Tür und aß sein tägliches Brot, begleitet von einer Zwiebel oder einer Birne: Ein Stückchen er, ein

compagnandolo con una cipolla o una pera: un pezzetto lui, un pezzetto il gatto che sembrava gradire anche la cipolla! Intanto farfugliava *„ch-ch-ch-chistu pa-pa-passa u cu-cu-cummentu*[13]". E mentre raccontava questo particolare, non si capiva se si trattasse di convento o di governo. Il gatto, impassibile, abituato al suo balbettio, non gli dava ascolto. Aspettava solo il prossimo boccone.

Noi avremmo dato chissà che cosa per assistere a questa scena, anche per vedere se anche il suo gatto era guercio, spelacchiato, e magro come lui.

Dopo la prima settimana di lavoro, mia madre gli pagò un anticipo sulla somma pattuita.

Il lunedì seguente arrivò più presto del solito, agitatissimo, tanto che mia madre temette lo avessero sbattuto fuori dalla nuova casa, col letto, la sedia, il gatto e tutto il resto.

Il motivo era un altro e ci volle tutta la pazienza di mia madre per capire in mezzo a quel borbottio indistinto, interrotto da sospiri e parole mozze, accompagnati da ampi gesti delle lunghe braccia, il vero motivo della sua agitazione. Non faceva che ripetere:

»I-i-i-iddu si ma-ma-mangiau a ca-ca-ca-carni e-e-e- a mi-mi-mia mi la-la-la-lassau l'o-l'o-l'ossu[14]«.

Una frase che per noi divenne proverbiale: un esempio di ingiustizia umana!

Con i soldi ricevuti si era permesso il lusso di comprare un pezzo di carne con un osso: un pranzo eccezionale per celebrare degnamente la domenica. Mentre accendeva il carbone in un fornelletto di terra cotta, naturalmente sulla

[13]Questo passa il convento o, in senso lato, il governo, vecchio detto italiano.
[14]Lui ha mangiato la carne e a me ha lasciato l'osso.

Stückchen der Kater, dem auch die Zwiebel zu schmecken schien! Derweil murmelte er: „M-m-m-mehr gi-gi-gibt's a-a-an der Klo-klo-kloster-pfo-pforte ni-nicht[15]". Und während er diese Einzelheit berichtete, verstand man nicht, ob er das Kloster oder die Regierung meinte. Der Kater, gleichmütig, an sein Gestottere gewöhnt, schenkte ihm kein Gehör. Er wartete nur auf den nächsten Happen.

Wir hätten, wer weiß was, gegeben, um dieser Szene beizuwohnen, auch um zu sehen, ob auch sein Kater schielte, zerlumpt und mager war wie er.

Nach der ersten Arbeitswoche, gab ihm meine Mutter eine Anzahlung auf die vereinbarte Summe.

Am darauffolgenden Montag kam er früher als sonst, sehr aufgeregt, so sehr, dass meine Mutter befürchtete, dass sie ihn aus seiner neuen Behausung geworfen hatten, mitsamt Bett, Stuhl, Kater und dem ganzen Rest.

Der Grund aber war ein anderer, und es brauchte die volle Geduld meiner Mutter, um inmitten des ganzen undeutlichen, von Seufzern und Wortstummeln und von ausholenden Gesten seiner langen Arme unterbrochenen Gestammels den wahren Grund seiner Aufregung zu verstehen. Er wiederholte andauernd:

»E-e-e-er ha-ha-hat da-das Flei-flei-fleisch ge-ge-ge-ge-gefressn u-u-u-u-und hat mi-mi-mir den Kno-kno-kno-knochen ge-ge-las-las-lassen.«

Ein Satz der für uns sprichwörtlich wurde: Ein Beispiel menschlicher Ungerechtigkeit!

Mit dem erhaltenen Geld hatte er sich den Luxus gegönnt, ein Stück Fleisch samt Suppenknochen zu kaufen: ein außergewöhnliches Essen, um den Sonntag würdig zu begehen. Während er die Holzkohle im Öfchen aus gebranntem Ton anzündete, natürlich auf der Straße, um sich eine gute

---

[15]italienisches Sprichwort

strada, per farsi un buon brodo, il gatto, attratto dall'odore, si era avvicinato furtivamente. Con uno scatto fulmineo addentò la carne e balzò via girando subito l'angolo: del tutto comprensibile, dato che anche lui era stanco di mangiare solo pane e cipolla.

La sorpresa lo aveva paralizzato. Il suo primo istinto fu di corrergli dietro, ma il fornello, il carbone, i fiammiferi e la cipolla – immancabile – furono di grande impedimento: le lunghe gambe aumentarono se possibile la confusione. Quando finalmente riuscì a liberarsi da tutti quegli ostacoli, era troppo tardi. Il gatto aveva preso il largo. Con l'osso e la cipolla poté fare solo un brodo molto magro.

Quel giorno non cantò. Non faceva che ripetere quella frase, come un leit-motiv, senza stancarsi mai.

La sera poi, il gatto non si lasciò vedere. Sazio, come forse era mai stato in vita sua, si era buttato giù a dormire da qualche parte, dimentico del padrone e del resto del mondo.

Ora si chiedeva se tornando dal lavoro, avrebbe ritrovato il suo gatto al solito posto, in attesa, come faceva ormai daanni: gliene avrebbe dette quattro, lo avrebbe rimproverato, forse gli avrebbe assestato qualche bastonata, se gliene avesse dato occasione.

Del gatto nessuna traccia, né quel giorno né i giorni seguenti. Ogni mattina mia madre chiedeva notizie. Noi, di ritorno dalla scuola, già dalle scale chiedevamo del gatto latitante.

Man mano che il tempo passava al primo risentimento era subentrato un vago senso di pena; il rimpianto di aver perso un amico, l'unico essere vivente che l'aspettava ogni giorno, puntuale, all'angolo della strada.

Fleischsuppe zu kochen, hatte sich der Kater, vom Geruch angelockt, verstohlen genähert. Mit einem blitzschnellen Satz hatte er sich das Fleisch geschnappt und war sofort hinter der Ecke verschwunden: Völlig verständlich, da auch er es Leid war, nur Brot und Zwiebeln zu fressen.

Die Überraschung hatte ihn gelähmt. Sein erster Instinkt war, ihm nachzulaufen, aber das Öfchen, die Zündhölzer und die Zwiebel – unvermeidbar – waren große Hindernisse; die langen Beine vergrößerten, sofern überhaupt möglich, das Durcheinander. Als er sich endlich von all diesen Hindernissen befreien konnte, war es zu spät. Der Kater hatte das Weite gesucht. Mit dem Knochen und der Zwiebel konnte er sich nur ein sehr mageres Süppchen kochen.

An jenem Tag sang er nicht. Er tat nichts anderes, als ständig jenen einen Satz wie ein Leitmotiv zu wiederholen, ohne dessen müde zu werden.

Am Abend dann, ließ sich der Kater nicht blicken. Satt wie vielleicht nie zuvor in seinem Leben, hatte er sich irgendwo zum Schlafen hingelegt, seinen Herrn und die ganze Welt vergessend.

Nun fragte er sich, ob er ihn, von der Arbeit heimkehrend, an seinem üblichen Platz wiederfinden würde, auf ihn wartend, wie er es nun schon seit Jahren tat: er hätte ihm die Leviten gelesen, er hätte ihn geschimpft, vielleicht hätte er ihm einen Stockhieb versetzt, wenn er ihm die Gelegenheit dazu geboten hätte.

Vom Kater keine Spur, nicht an jenem Tag und auch nicht an den folgenden. Jeden Morgen fragte meine Mutter danach. Wir, zurück aus der Schule, fragten bereits auf der Treppe nach dem flüchtigen Kater.

So wie die Zeit verstrich, trat eine Art vages Mitleid an die Stelle des ersten Grolls; die schmerzliche Erinnerung einen Freund verloren zu haben, das einzige Lebewesen, das jeden Tag pünktlich an der Straßenecke auf ihn wartete.

Quasi si vergognava di mostrare la propria tristezza, ma il suo viso si allungava, si ingrigiva, sempre più spesso scosso da fremiti nervosi: era colpevole di qualche cosa? Perché il suo gatto non tornava? Smise del tutto di cantare. Soltanto a volte gli scappava quella frase, il suo leit-motiv: *„I-i-iddu si ma-ma-mangiau..."* ecc. come un'eco, senza nessuna convinzione, quasi scusandosi.

Dopo più di una settimana, quando ormai aveva perso ogni speranza di rivederlo e la sua malinconia aveva toccato il fondo, lo ritrovò, quel gatto vagabondo, al solito posto, alla solita ora, seduto all'angolo della strada, come niente fosse. Come sempre indifferente agli affettuosi rimproveri del suo padrone, lo seguì annoiato, e forse anche rassegnato a mangiare di nuovo pane e cipolla.

Beinahe schämte er sich seine Trauer zu zeigen, aber sein Gesicht wurde länger, grauer, immer häufiger von nervösen Zuckungen gebeutelt: Hatte er irgend eine Schuld? Warum kam sein Kater nicht wieder? Er hörte ganz auf zu singen. Nur ab und zu entschlüpfte ihm sein Satz, sein Leitmotiv: „Eeeer ha-ha-hat da-das Flei-flei-fleisch ge-ge-ge-gegefressn...". und so weiter, wie ein Echo, ohne jede Überzeugung, sich beinahe entschuldigend.

Nach mehr als einer Woche, als er mittlerweile jede Hoffnung, den Kater wiederzusehen verloren und seine Melancholie den tiefsten Punkt erreicht hatte, fand er ihn wieder, diesen streunenden Kater, am üblichen Ort, zur üblichen Stunde, an der Straßenecke sitzend, als ob nichts wäre. Gleichgültig wie immer gegenüber den liebevollen Vorwürfen seines Herrn, folgte er ihm gelangweilt, vielleicht auch resigniert, um wieder Brot und Zwiebeln zu fressen.

Ma io voglio vomitare

L'ultimo giorno in Sicilia, prima di tornare nella nostra patria di elezione. Decidiamo di vedere i cosiddetti luoghi turistici, la riviera dei Ciclopi, le piccole cittadine di memoria letteraria, quando non esisteva turismo e fare una gita domenicale lungo la costa significava un vero e proprio viaggio, magari con qualche avventura imprevista.

Ad Aci Castello ci fermiamo subito, affascinati già da lontano dalla vista del castello normanno.

Tutto il luogo è carico di ricordi mitologici: Polifemo per primo, cui nell'antichità furono attribuiti i grossi scogli che sembra abbia scagliato contro Ulisse in fuga. Così racconta Omero. Ma dominante, in ogni caso, è la vicinanza con l'Etna, testimoniata dalla pietra lavica che affiora dalle acque cristalline, dalla scogliera di una bellezza unica al mondo, frastagliata, nera, che ricorda i tanti terremoti devastanti, le violente eruzioni di magma infuocata, subito pietrificata a contatto col mare. Un luogo carico di storie scritte e non scritte, ma soprattutto di distruzioni naturali e non, contro un piccolo popolo indomabile, sempre pronto a ricominciare da capo, a costruire sulle rovine, sulle miserie, le varie disavventure: infatti non soltanto la natura ha fatto di Aci un luogo particolare, anche varie invasioni di popoli provenienti dal mare ne hanno cambiato più volte il corso della sua storia.

Fu dunque teatro di amori mitici ma anche di vicende umane oltre che di importanti fatti storici. Non se ne conoscono

Ich will mich aber erbrechen

Der letzte Tag auf Sizilien, bevor wir in unsere Wahlheimat zurückkehren. Wir beschließen die sogenannten Fremdenverkehrsorte zu besuchen: die Zyklopenküste, die kleinen Städtchen mit literarischem Hintergrund, als es noch keinen Tourismus gab, und als der sonntägliche Ausflug die Küste entlang noch eine richtige Reise darstellte, vielleicht gar mit einem unerwarteten Abenteuer.

Wir halten gleich in Aci Castello an, schon von weitem vom Anblick des normannischen Schlosses fasziniert.

Der ganze Ort ist voller mythologischer Erinnerungen: Polyphem zuerst, dem im Altertum die großen Klippen zugeschrieben wurden, die er dem flüchtenden Odysseus nachgeschleudert haben soll. So berichtet uns Homer. Aber in jedem Fall beherrschend ist die Nähe zum Ätna, bezeugt vom Lavagestein, das aus dem kristallklaren Wasser herausragt, von den Klippen von einzigartiger Schönheit, zerklüftet, schwarz, die an die vielen zerstörerischen Erdbeben gemahnen, an die gewaltsamen, im Kontakt mit dem Meer sofort versteinerten Auswürfe feuriger Lava. Ein Ort voller geschriebener und ungeschriebener Geschichten, vor allem aber natürlicher und unnatürlicher Zerstörungen, gegen ein kleines, unbezähmbares Volk, immer bereit wieder von vorne zu beginnen, auf den Ruinen, der Misere, den verschiedenen Unglücken, wieder aufzubauen. In der Tat hat nicht nur die Natur Aci zu einem besonderen Ort gemacht, auch die Invasionen verschiedener Völker, die vom Meer kamen, haben mehrmals den Lauf seiner Geschichte verändert.

Sie war also Schauplatz mythischer Liebesgeschichten, aber auch menschlicher Schicksale neben wichtigen ge-

origini, risalenti di certo a tempi antichissimi; prova ne è il nome stesso: Aci-Akis fondata dai Greci nel VII secolo a. C. Aci è il nome del fiumicello che sbocca da una fantastica fonte, rossa come il sangue: da qui il mito del pastorello Aci, innamorato-riamato della ninfa Galatea, a sua volta amata dal ciclope Polifemo. Per vendicarsi del rifiuto della ninfa e anche per gelosia, scagliò un enorme sasso contro il giovane colpendolo a morte. La ninfa disperata pregò gli dei di rendere l'amato immortale: pietosamente, e voglio aggiungere pieni di comprensione, lo trasformarono appunto in un fiume. Da qui il colore rosso della fonte.

Sorprendente la pulizia, la cura della cittadina, ora centro di un turismo ad alto livello. Ma la gente del luogo va semplicemente sugli scogli, si porta una coperta, uno spuntino, un materassino di gomma e gode di questi primi calori estivi, facendo bagni, tuffi, lasciandosi cullare dalle onde tranquille del mare.

Visitiamo il castello normanno, da qualche anno restaurato con rispetto delle tradizioni. Sembra sia stato costruito dai bizantini nel VI o VII secolo d. C. su uno scoglio unito alla terraferma per mezzo di un ponte levatoio, su una preesistente fortificazione romana del 38 d. C. I vari terremoti e la lava hanno unificato l'isolotto alla terra per cui ora si vede questa specie di promontorio sormontato da una rovina di pietra scura, misteriosa, come tutte le rovine che, non posso dimenticare, ispirò Giovanni Verga[1] per un racconto assai truculento di amori e morti violente. L'interno riserva delle

[1]G.Verga, Le storie del castello di Trezza, 1877

schichtlichen Ereignissen. Man kennt ihren Ursprung nicht, der sicherlich in uralte Zeiten zurückreicht, davon zeugt der Name der Stadt selbst: Aci-Akis, von den Griechen im siebten vorchristlichen Jahrhundert gegründet. Aci ist der Name des Bächleins, das einer fantastischen Quelle entspringt, rot wie Blut; daher stammt auch der Mythos vom Hirtenjungen Aci, verliebt in die Nymphe Galatea, die seine Liebe erwidert, und ihrerseits vom Zyklopen Polyphem begehrt wird. Aus Rache vor der Zurückweisung durch die Nymphe und wohl auch aus Eifersucht, schleudert er einen riesigen Felsen auf den Jungen und verletzt ihn tödlich. Die verzweifelte Nymphe bat die Götter den Geliebten unsterblich zu machen. Voller Mitleid und, ich möchte hinzufügen, voller Verständnis, verwandelten sie ihn in einen Fluss. Daher also die rote Farbe der Quelle.

Überraschend die Sauberkeit, die Gepflegtheit des Städtchens, inzwischen ein Fremdenverkehrsort der Extraklasse. Die Einheimischen aber gehen ganz einfach zu den Klippen, nehmen eine Decke, eine Brotzeit, eine Luftmatratze mit und genießen die erste Wärme des Sommers, schwimmen, tauchen und lassen sich von den Wellen des Meeres schaukeln.

Wir besuchen das normannische Schloss, das vor einigen Jahren sehr behutsam restauriert worden war. Es scheint von den Byzantinern im sechsten oder siebten Jahrhundert auf einer bereits bestehenden römischen Befestigung aus dem Jahre 38 n. Ch. auf einer Klippe errichtet worden zu sein, die mit einer Zugbrücke mit dem Festland verbunden war. Die verschiedenen Erdbeben und die Lava haben das Inselchen mit dem Festland vereint, weshalb man nun eine Art Vorgebirge mit der Ruine aus dunklem Gestein vor sich hat, mysteriös wie alle Ruinen, die, wie sollte ich es vergessen, Giovanni Verga[2] zur ziemlich blutrünstigen Erzählung

[2]G. Verga, *Le storie del castello di Trezza*, 1877

sorprese: terrazze con vista stupenda sulla costa, un giardino di piante grasse, un piccolo museo e muri, archi, scale. Sembra impossibile che qui abbiano abitato esseri umani, data l'altezza e l'ampiezza dei muri. La storia però racconta di intere dinastie, vita e morte di angioini e aragonesi, re e baroni, vissuti fra queste mura con le loro famiglie. Soltanto nel Rinascimento fu adibito a caserma e poi a carcere.

Il cielo azzurro, un venticello più primaverile che estivo, ci invita a sederci a un bar sulla piazzetta, all'uscita dal castello. Nessuno intorno a noi. Quei pochi visitatori che abbiamo incontrato al castello man mano escono e trovano posto nei vari tavolini del bar. Dopo forse mezz'ora arriva un giovane coppia con una bambina, che non avevamo visto al castello. L'unico tavolino libero è proprio accanto al nostro. Dopo aver guardato in giro, piuttosto indecisi sul da fare, si siedono; la bambina, forse di otto anni, dice con una vocina assai irritata:

»Io qui non mi siedo«. La mamma la guarda soltanto. E lei prosegue, sempre più stizzita:

»Queste sedie non mi piacciono e io non mi siedo«, e resta in piedi accanto al tavolino.

L'uomo, forse il padre, anche lui giovane, con la solita barba di due giorni come si usa adesso, si siede e guarda lontano, ignorando chiaramente la bambina.

»Ho detto che queste sedie non mi piacciono e poi voglio subito le mie ciambelle.«

La voce perde il tono infantile di prima e diventa più profonda. Nessuno reagisce. Di colpo, urla con una voce irriconoscibile in una bambina di quella età:

über Liebesbeziehungen und gewaltsam zu Tode Gekommene inspirierte. Das Burginnere hält Überraschungen bereit: Terrassen mit herrlichem Blick auf die Küste, einen Kakteengarten, ein kleines Museum, Bögen, Stiegen. Es scheint unwahrscheinlich, dass hier menschliche Wesen gehaust haben, angesichts der Höhe und der Dicke der Mauern. Die Geschichte aber erzählt von ganzen Dynastien, vom Leben und Wirken derer von Anjou und den Aragonesen, von Königen und Baronen, die mit ihren Familien in diesen Mauern gelebt haben. Erst in der Renaissance wurden sie als Kaserne und dann als Gefängnis genutzt.

Ein blauer Himmel, ein frühlingshaftes Lüftchen lädt uns zum Sitzen vor einer Bar auf dem Platz am Ausgang des Schlosses ein. Niemand um uns. Die spärlichen Besucher, denen wir im Schloss begegnet sind, kommen nach und nach heraus und finden an den verschiedenen Tischchen der Bar Platz. Nach ungefähr einer halben Stunde kommt ein junges Paar mit einem Mädchen, die wir nicht in der Burg gesehen hatten. Das einzige noch freie Tischchen ist das neben dem unseren. Nachdem sie sich ziemlich unentschlossen umgesehen haben, setzten sie sich. Das vielleicht achtjährige Mädchen sagt mit ziemlicher irritierte Stimme:

»Hierhin setze ich mich nicht.« Die Mutter schaut sie bloß an. Das Mädchen fährt immer wütender fort:

»Diese Stühle gefallen mir nicht und ich setze mich nicht!«, und bleibt neben dem Tischchen stehen.

Der Mann, vielleicht der Vater, auch er jung mit dem heutzutage üblichen Zweitagebart, setzt sich, schaut in die Ferne, das Mädchen ganz offensichtlich übersehend.

»Ich habe gesagt, dass mir diese Stühle nicht gefallen, und dann will ich sofort meine Donuts!«

Die Stimme verliert den kindlichen Ton von vorhin und wird tiefer. Niemand reagiert. Plötzlich schreit das Mädchen mit einer für ein Kind seines Alters nicht wieder erkennba-

»Ehi... sto parlando con voi. Questa sedia non la voglio e... datemi le mie ciambelle!«

Il giovane borbotta qualcosa, mi sembra di capire, di aspettare finché hanno ordinato il caffè e intanto di sedersi.

»Eh... non mi va di aspettare il vostro caffè... Io voglio subito le mie ciambelle, tutte e cinque.«

La madre sussurra an-che lei qualcosa. Che ne avrà solo due, al massimo tre.

»E io invece voglio mangiare tutti e cinque le mie ciambelle...«

Quantomai irritata, si accovaccia sulla sedia incrociando le gambe sotto di sé, visto che non c'è altro da fare, e continua a urlare, sempre con un vocione che non mi piace definire da cortile, ma non trovo altra espressione. Il giovane, impaziente, le butta sul tavolino il sacchetto con le ciambelle che lei subito acciuffa al volo e se lo mette davanti, circondandolo con le braccia.

Osservo la madre, molto giovane, un bel visino quasi di fanciulla, snella, alta, ben vestita. Il compagno, anche lui alto, snello, chiaramente appartenente al ceto impiegatizio. Tutti e tre parlano in perfetto italiano, senza nessun accenno dialettale, né con la tipica cadenza siciliana. Sembra siano qui in vacanza. La bambina al contrario è grassottella, non snella come i genitori, i lineamenti marcati, non belli: in qualche modo traccagnotta. Se non avessi sentito che chiama „mamma" la giovane donna, avrei pensato non fosse la loro figlia. Anche il tono della voce, una certa volgarità ogni volta che dice „Eh..." quasi un urlo selvaggio e la capacità di produrre una voce da ragazzina di strada, sono tutte manifestazione di non appartenenza, anzi di estraneità con la coppia.

ren Stimme:

»Hallo ... ich rede mit euch. Diesen Stuhl will ich nicht, und ... gebt mir meine Donuts!«

Der junge Mann murmelt etwas, ich glaube zu hören, es solle doch warten, bis sie den Kaffee bestellt hätten und sich inzwischen hinsetzen.

»Nein, ich will nicht auf euren Kaffee warten ... Ich will sofort meine Donuts, alle fünf.«

Auch die Mutter flüstert etwas. Es werde nur zwei bekommen, höchstens drei.

»Und ich will aber alle meine fünf Donuts essen ...«

Immer aufgebrachter kauert das Kind auf dem Stuhl, die Beine unter sich gekreuzt, fährt es, da alles nichts nützt, fort zu schreien, immer mit dieser Stimme, die ich, obwohl mir der Ausdruck nicht gefällt, als die einer Straßengöre bezeichnen möchte, aber einen anderen passenden Ausdruck finde ich nicht. Der Mann, ungeduldig, wirft die Tüte mit den Donuts auf das Tischchen, die das Mädchen im Fluge erhascht, stellt sie vor sich hin und umschlingt sie mit seinen Armen.

Ich beobachte die Mutter, sehr jung, ein hübsches, beinahe mädchenhaftes Gesicht, schlank, großgewachsen, gut gekleidet. Ihr Gefährte, auch er großgewachsen, schlank, offensichtlich der Beamtenschicht angehörig. Alle drei sprechen ein perfektes Italienisch ohne jeden dialektalen Einfluss, und ohne den typischen sizilianischen Tonfall. Anscheinend sind sie auf Urlaub hier. Das Mädchen hingegen ist dicklich, mitnichten schlank wie die Eltern, mit unschönen, groben Gesichtszügen: insgesamt irgendwie vierschrötig. Hätte ich nicht gehört, dass das Mädchen die junge Frau „Mama" genannt hat, hätte ich nicht vermutet, dass es ihre Tochter ist. Auch der Tonfall der Stimme, irgendwie vulgär, jedes Mal, wenn es „Eh..." sagt, beinahe ein wilder Schrei und auch die Fähigkeit diese Stimme einer Straßengöre hervorzubringen, sind alles Äußerungen einer Nicht-Zugehö-

La madre le fa osservare che se mangia cinque ciambelle poi sta male.

»Ma io voglio vomitare, così mi libero il pancino... si si, voglio vomitare.«

La madre sussurra ancora qualcosa e lei urla a tutta voce:

»Ma io voglio vomitare, hai capito?«

Ogni tanto la bambina mi guarda. Crede che io non la capisca, pensa che sia una straniera, forse per il mio aspetto, per la lingua che parlo con mio marito. Io le sorrido ogni volta, benché non sia una bambina alla quale sia facile sorridere: perché? Non mi capisco: io sorrido sempre ai bambini. Ma è la sua carica aggressiva, la sua irreprimibile volontà di ferire i genitori e possibilmente il mondo intero; è quel viso di bambina troppo presto vecchia, cattiva, invelenita, che mi respinge. E mi chiedo di nuovo perché, con un vivo senso di colpa.

Loro sono eleganti, belli, giovani e lei è il brutto anatroccolo insieme a due cigni superbi e irraggiungibili: per questo motivo la bambina è brutta? Perché non si sente amata? Cos'altro sta dietro queste tre persone che vorrei definire „normali" e non ci riesco? Mi sembra già di vedere questa bambina non amata, perché appunto non bella, grassa o troppo magra, volgare, diventare adolescente e poi adulta: che ne sarà di lei? È già tutto prestabilito, fin dall'infanzia? E noi non possiamo intervenire, in un modo o nell'altro, cambiare o almeno modificare il nostro destino deciso dagli dei, nel lontano Olimpo? Allora torniamo alla vecchia teoria del „fato" che incombe su di noi, ineluttabilmente! Il luogo, così carico di motivi mitologici, me lo suggerisce subito e non riesco a sottrarmi al fascino di queste fantasie remote e pur sempre presenti nella nostra esistenza.

rigkeit zum Paar, einer Nichtbeteiligung.

Die Mutter weist ihre Tochter darauf hin, dass ihr schlecht werden wird, wenn sie fünf Donuts isst.

»Ich will mich aber erbrechen, das erleichtert meinen Bauch … ja, ja, ich will mich erbrechen.«

Die Mutter flüstert noch etwas, und das Mädchen schreit lauthals:

»Ich will mich aber erbrechen, verstanden?«

Ab und zu schaut mich das Mädchen an. Es glaubt, ich verstünde es nicht, glaubt, ich wäre Ausländerin, vielleicht wegen meines Äußeren, wegen der Sprache in der ich mit meinem Mann spreche. Ich lächle es jedes Mal an, auch wenn es kein Mädchen ist, dem man gerne zulächelt. Warum? Ich verstehe mich nicht: ich lächle Kinder doch immer an. Es ist aber die aggressive Haltung des Kindes, sein unbändiger Wille die Eltern und möglicher Weise die ganze Welt zu verletzen; es ist dieses zu früh gealterte, böse, vergiftete Mädchengesicht, das mich abstößt. Und ich frage mich erneut mit einem heftigen Schuldgefühl, warum?

Sie sind elegant, schön, jung, und sie ist das hässliche Küken in Begleitung zweier stolzer und unerreichbarer Schwäne; ist das Mädchen aus diesem Grund hässlich? Warum fühlt es sich nicht geliebt? Was steckt hinter diesen Personen, die ich als normal bezeichnen möchte, aber nicht kann? Mir scheint, ich sehe dieses ungeliebte Mädchen wie es heranwächst – nicht schön, dick oder zu mager, vulgär – und erwachsen wird: was wird aus ihm werden? Ist bereits alles vorherbestimmt, seit der Kindheit? Und können wir nicht in der einen oder anderen Art eingreifen, unser von den Göttern im fernen Olymp bestimmtes Schicksal auswechseln oder zumindest ändern? Also kehren wir zur alten Theorie vom „Schicksal“ zurück, das uns unausweichlich droht! Der von derart vielen mythologischen Motiven erfüllte Ort suggeriert es mir sofort, und ich vermag mich der Faszination dieser fernen und doch fortwährend in unser Existenz ge-

Ancora nel XXI secolo.

E quel giovane così elegante, assente, sarà poi suo padre? Ecco un caso di bulimia annunciata... e che altro ancora? Di chi la colpa, se si tratta di colpa? Tutte domande che mi occupano da quando ho fatto questo strano incontro.

genwärtigen Fantasien nicht zu entziehen.

Auch nicht im einundzwanzigsten Jahrhundert.

Und dieser so elegante, abwesende junge Mann, ist das sein Vater? Da haben wir einen Fall angekündigter Bulimie ... und was weiter noch? Wessen Schuld ist es, wenn es sich um Schuld handelt? Alles Fragen, die mich beschäftigen, seit dieser seltsamen Begegnung.

Viaggio nella memoria

Ho voluto prendere la Porrettana[1], nonostante Anna me lo abbia sconsigliato e con lei tutta la sua famiglia: meglio l'Autostrada, secondo loro, veloce e sicura. Ma dopo cinque ore di Autostrada, con code di due ore per solo sei chilometri, non sono più disposta a correre altri rischi. Meglio la vecchia Porrettana, piena di curve, attraverso paesini e case solitarie, fra i boschi degli Appennini, con salite e discese in un panorama sempre diverso. Senza contare che il nome „Porrettana" risveglia in me ricordi assai lontani. Allora non c'era l'Autostrada e per andare da Bologna a Pistoia bisognava attraversare un tratto degli Appennini, con strade dissestate, macchine e camion che arrancavano a ogni salita, a ogni curva, e sempre l'incertezza di un guasto, di una gomma a terra, del motore che si riscaldava. Sono mai stata sulla Porrettana?

Già all'uscita di Casalecchio mi tranquillizzo. Niente strada dissestata, stretta, mal messa. Tutto normale. Una buona strada provinciale, senza curve spericolate né salite dolomitiche: infine si tratta solo degli Appennini. Mi chiedo perché Anna fosse tanto preoccupata. Forse anche lei unisce alla Porrettana ricordi angosciosi, assai lontani. Dopo qualche chilometro leggo un nome che chiarisce tutto: Marzabotto. All'inizio del paese un cartello giallo con una frase in quat-

[1]Strada Statale 64 collega la Toscana con l'Emilia-Romagna attraversando gli Appennini.

Reise in die Vergangenheit

Ich wollte auf die Porrettana, die Staatsstraße Nr. 64, die über den Apennin führend die Toskana mit der Emilia-Romagna verbindet, obwohl Anna und ihre ganze Familie davon abgeraten hatten. Besser sei es, die Autobahn zu nehmen, laut ihnen schneller und sicherer, doch nach fünf Stunden Autobahn, zwei Stunden für lausige sechs Kilometer in der Schlange, bin ich nicht mehr bereit weitere Risiken einzugehen. Besser die gute alte Porrettana voller Kurven, vorbei an einsamen Weilern und Häusern, durch die Wälder des Apennin, mit Steigungen und Gefälle im ständig wechselnden Panorama. Ohne zu bedenken, dass die Bezeichnung „Porrettana" in mir ziemlich weit zurückliegende Erinnerungen wach ruft. Damals gab es keine Autobahn, und um von Bologna nach Pistoia zu gelangen, musste man den Apennin überqueren, vernachlässigte Straßen, Autos und Lastwagen, die jede Steigung hinauf keuchten, sich in jede Kurve quetschten, ständig die Ungewissheit einer Panne, eines Platten, eines überhitzten Motors. War ich jemals auf der Porrettana?

Bereits in der Ausfahrt bei Casalecchio beruhigte ich mich: keine holprige, enge, vernachlässigte Straße. Alles normal. Eine Landstraße in gutem Zustand ohne gefährliche Kurven oder dolomitenmäßigen Steigungen; schließlich ist es nur der Apennin. Ich frage mich, weshalb Anna so besorgt war. Vielleicht verbindet auch sie die Porrettana mit schrecklichen, weit zurückliegenden Erinnerungen. Nach einigen Kilometern sehe ich ein Ortsschild, das alles erklärt: Marzabotto. Am Ortseingang ein gelbes Schild mit einem Hinweis in vier Sprachen, zuoberst auf Italienisch: „Per non

tro lingue, la prima in italiano „Per non dimenticare", seguita dal francese e inglese per finire in tedesco. Marzabotto è un nome che ancora e chissà per quanti secoli futuri resterà simbolo di uno dei più tremendi episodi della storia italiana e vorrei aggiungere, europea. Ora comincio a capire per quale motivo Anna mi ha sconsigliato di prendere la Porrettana. Questa è una terra bagnata dal sangue di centinaia di morti, massacrati durante l'ultima guerra fra il 29 settembre e il 2 ottobre 1944, per ordine del Generalfeldmarschall Albert Kesselring, comandante delle truppe tedesche in Italia. A lui vennero imputati oltre alla famosa strage delle Fosse Ardeatine, di Roma, appunto tutta l'operazione di „ripulimento" dei partigiani in Emilia-Romagna e Toscana, culminata proprio a Marzabotto, dove il capo delle SS, Sturmbannführer Walter Reder, originario della Moravia, con una compagnia di circa 1500 uomini compì uno degli eccidi più feroci della storia. Fra Marzabotto e paesi vicini riuscì a uccidere nella maniera più brutale circa 1830 civili, per la maggior parte donne e bambini minori di dodici anni, con una perdita di solo nove soldati, più ventinove feriti. Un ufficiale della Wehrmacht dichiarò a un prete del posto che la vita di un tedesco valeva quanto quella di 50 italiani. In questo caso ci fu qualche errore di conteggio. Per concludere sento il dovere di aggiungere che Kesselring fu condannato dal Tribunale di Norimberga. Liberato già nel luglio del 1952, un mese dopo venne eletto presidente dello *Stahlhelm*, un'associazione militare che aveva lo scopo di riabilitare la missione dei soldati al fronte. Inoltre nel 1953 scrisse l'autobiografia *„Soldat bis zum letzten Tag".* „Soldato fino all'ultimo giorno" una presa di posizione verso la propria vita e il proprio operato. Walter Reder, processato a Bologna nel 1951 e condannato a carcere a vita, fu liberato nel 1985 e accolto con tutti gli onori dallo Stato austriaco. Morì nel 1991, dopo aver percepito regolare pensione come reduce di guerra.

dimenticare", dann Französisch und Englisch, und zuletzt auf Deutsch: „Um nicht zu vergessen". Marzabotto ist ein Ortsname, der immer noch und, wer weiß für wie viele kommende Jahrhunderte, ein Symbol eines der schrecklichsten Ereignisse in der Geschichte Italiens ist, wenn nicht gar ganz Europas, möchte ich hinzufügen. Jetzt beginne ich zu begreifen, warum mir Anna abgeraten hatte die Porrettana zu nehmen. Dies ist ein Ort, getränkt mit dem Blut hunderter im letzten Krieg zwischen dem 29. September und dem 2. Oktober 1944 auf Befehl des Generalfeldmarschalls Albert Kesselring, Kommandant der deutschen Truppen in Italien, Ermordeter, Massakrierter. Ihm wurde außerdem das Massaker in den Ardeatinischen Höhlen zur Last gelegt, eben jene gegen die Partisanen der Toskana und der Emilia-Romagna gerichtete „Säuberungsoperation", die in Marzabotto ihren Höhepunkt fand, wo der aus Mähren stammende Chef der SS, Sturmbannführer Walter Reder, mit einer Kompanie von ungefähr 1.500 Mann eines der grausamsten Massaker der Geschichte verübte. In Marzabotto und den umliegenden Weilern brachte er es zu Wege ungefähr 1830 Zivilisten, größtenteils Frauen und Kinder unter zwölf Jahren auf brutalste Weise umzubringen, bei einem Verlust von neun Soldaten und neunundzwanzig Verwundeten. Ein Wehrmachtsoffizier erklärte einem Priester im Ort, dass das Leben eines Deutschen so viel Wert war, wie das von fünfzig Italienern. In diesem Fall gab es einen Rechenfehler. Abschließend fühle ich mich verpflichtet hinzuzufügen, dass Kesselring vom Nürnberger Tribunal verurteilt wurde. Bereits im Juli 1952 wieder frei gelassen, wurde er einen Monat darauf zum Vorsitzenden des Stahlhelms gewählt, eines Vereins, der es sich zur Aufgabe gemacht hatte, den Fronteinsatz der Wehrmachtsoldaten zu rechtfertigen. 1953 veröffentlichte er zudem seine Autobiografie, *Soldat bis zum letzten Tag*, eine rechtfertigende Stellungnahme sein Leben und sein Handeln betreffend. Walter Reder, 1951 in Bologna

Credo non sia necessario alcun commento.

Passo da Marzabotto col cuore stretto e riesco a liberarmi da questa terribile impressione soltanto all'uscita della Porrettana. Qui vedo Pistoia che si allarga tranquilla e luminosa nella pianura.

Proseguiamo per Livorno e dopo un tratto di autostrada nel tardo pomeriggio eccoci arrivati.

Non sono mai stata prima a Livorno ma „so" che la città è molto brutta: il suo centro storico è stato completamente distrutto dalla guerra. Del resto della città, preso di mira da una serie di bombardamenti a tappeto, rimase un ammasso di macerie. Come non bastasse, la ricostruzione durante gli anni Cinquanta e Sessanta ha completato l'opera di distruzione di quel poco che si era salvato. Infine, non dovevo aspettarmi molto. Da dove mi vengono queste informazioni? Un mio zio, qualche anno dopo la guerra aveva comprato alcuni appartamenti proprio a Livorno e mio padre aveva subito sentenziato che si trattava di una grossa sciocchezza, appunto per la città che da un punto di vista architettonico e quindi turistico offriva assai poco: in tutto e per tutto un giudizio assai negativo. Infine, forse per scoraggiare il fratello minore, aveva concluso che si trattava di un investimento destinato a fallire.

In qualche modo mi è rimasto un ricordo non proprio lusinghiero della città: ora ho la possibilità di appurare i fatti.

Mio padre aveva ragione.

vor Gericht gestellt und zu lebenslänglicher Haft verurteilt, wurde 1985 entlassen und vom österreichischen Staat mit allen Ehren empfangen. Er starb 1991, nachdem er all die Jahre als Kriegsheimkehrer eine reguläre Rente bezogen hatte.

Ich glaube, es bedarf keines weiteren Kommentars.

Mit beklommenem Herzen lasse ich Marzabotto hinter mir und kann mich erst beim Verlassen der Porrettana von diesen schrecklichen Eindrücken befreien. Von hier aus sehe ich Pistoia, das sich still und hell in die Ebene erstreckt.

Wir fahren weiter nach Livorno und nach einer weiteren Strecke auf der Autobahn kommen wir am späten Nachmittag endlich an.

Ich bin niemals zuvor in Livorno gewesen, aber ich „weiß", dass die Stadt sehr hässlich ist: die Altstadt ist vom Krieg völlig zerstört worden. Vom Rest der Stadt, Ziel einer Reihe von Flächenbombardements, blieb nur ein Haufen Schutt. Als hätte all das nicht genügt, führte der Wiederaufbau in den Fünfziger- und Sechzigerjahren die endgültige Zerstörung des Wenigen, das noch übrig geblieben war zu Ende. Also konnte ich nicht viel erwarten. Woher hatte ich diese Informationen? Einer meiner Onkel hatte einige Jahre nach dem Krieg gerade in Livorno einige Wohnungen gekauft, und mein Vater hatte sofort geurteilt, dass es sich um eine große Dummheit handele, gerade weil die Stadt vom architektonischen und folglich vom touristischen Gesichtspunkt aus ziemlich wenig hergab, also ein alles in allem recht negatives Urteil. Schließlich, vielleicht um den jüngeren Bruder zu entmutigen, folgerte er, dass es sich um eine zum Scheitern verurteilte Investition handele.

Irgendwie habe ich eine nicht gerade schmeichelhafte Erinnerung an die Stadt; jetzt habe ich die Möglichkeit die Tatsachen zu ergründen.

Mein Vater hatte Recht.

Livorno, eccetto qualche palazzo miracolosamente salvato, qualche angolo di strada, la Fortezza nuova e il canale, offre poche attrattive turistiche.

L'albergo a tre stelle, sulla piazza della Repubblica, secondo me non ne meriterebbe neanche una, di stelle. Lo avevamo scelto perché sulla pubblicità, in internet, era scritto: „l'unico hotel con vista sul canale e la fortezza". Pare sia stato ristrutturato, ma non del tutto. Nel bagno, microscopico, dove è impossibile rigirarsi, mancano mattonelle e rifiniture varie; impossibile appoggiare qualcosa sul piano di vetro davanti allo specchio, pericolosamente barcollante: tutto scivola subito in avanti e si ha giusto il tempo di afferrare al volo lo spazzolino, il dentifricio, il flacone del profumo, il pettine e altro prima che prenda il volo. I mobili della stanza sono fatiscenti, la finestra... impossibile da aprire dato lo spazio assai limitato fra armadio, senza stampelle, e ante della finestra stessa. In ogni caso, nonostante il caldo, è meglio lasciarla chiusa, essendo la strada rumorosa in modo inverosimile. Da dietro i vetri si intravede la Fortezza Nuova, risalente se non sbaglio al XVI secolo, con un parco dove non è possibile andare. Così mi è stato detto.

Usciamo per la città. Mio padre anche a distanza di tanti anni, non ha esagerato e ora ne ho la conferma. Da nessuna parte una panchina per sedersi, un bar con tavolini fuori, molto opportuni dato il gran caldo. Niente, tutto chiuso già nel tardo pomeriggio. Che dire? Me l'aspettavo.

La mattina dopo – e non voglio ricordare la colazione assai avventurosa – ripartiamo: in realtà la mia meta è Lucca, una città che conosco, che cerco già da anni. Ne cerco i colori, gli angoli, le piazze, le chiese: la città della mia nostalgia della

Mit Ausnahme einiger wie durch ein Wunder geretteter Gebäude, Winkel, der Fortezza nuova, der neuen Festung also, hat Livorno wenig touristische Attraktionen zu bieten.

Das Drei Sterne Hotel an der Piazza della Repubblica würde meiner Meinung nach nicht einmal einen einzigen verdienen. Wir hatten es gewählt, weil in der Werbung im Internet geschrieben stand: „Das einzige Hotel mit Blick auf den Kanal und die Festung". Es scheint renoviert worden zu sein, jedoch nicht ganz. Im mikroskopisch kleinen Bad, in dem man sich kaum umdrehen kann, fehlen Fliesen und alles wirkt unfertig. Es ist unmöglich etwas auf der gläsernen, gefährlich wackelnden Ablage unter dem Spiegel abzustellen; alles rutscht sofort nach vorne und man kann gerade noch die Zahnbürste, die Zahnpasta, die Parfümflasche, den Kamm und anderes mehr im Fluge erhaschen, bevor es im Abfluss verschwindet. Die Möbel sind brüchig, das Fenster unmöglich zu öffnen, angesichts des äußerst begrenzten Platzes zwischen Schrank – ohne Kleiderbügel – und den Fensterflügeln selbst. In jedem Fall ist es trotz der Hitze besser es geschlossen zu lassen, wegen des unglaublichen Straßenlärms. Durch das Fenster sieht man die Fortezza nuova aus dem XVI Jahrhundert, wenn ich mich nicht irre, und einen Park, den man nicht besuchen kann, wie mir gesagt wurde.

Wir gehen in die Stadt. Auch nach so vielen Jahren hatte mein Vater nicht übertrieben, und jetzt habe ich die Bestätigung. Nirgendwo eine Bank, um sich zu setzen, ein Café mit Tischchen im Freien, was sehr wünschenswert wäre angesichts der großen Hitze. Nichts, bereits am späten Nachmittag ist alles geschlossen. Was bleibt da noch zu sagen? Ich hatte es erwartet.

Am nächsten Morgen – ich will mich nicht an das ziemlich abenteuerliche Frühstück erinnern – fahren wir weiter. In Wirklichkeit ist Lucca mein Reiseziel, eine Stadt, die ich seit Jahren kenne und aufsuche. Ich suche ihre Farben, ihre

mia infanzia forse solo sognata. Ma soprattutto cerco un piccolo villaggio, o meglio, una corte di contadini, Antraccoli, poco distante da Lucca, dove mio padre ci portò durante la guerra. Mi restano solo brandelli di scene, visioni piene di luce, campi gialli di grano, già pronti per la mietitura – questo mi fa pensare che doveva essere nella prima estate – e soprattutto odori: gli odori della Toscana, di selvaggina in agro dolce, di rosmarino, di fagioli all'uccelletto senza uccelli però, che io adoravo e adoro ancora adesso. Profumi tanto diversi da quelli del Sud a me tanto familiari, che stranamente non destano in me nostalgie di cose perdute. Benché siano anch'esse perdute.

Qui tutto era nuovo, eccitante per quella bimbetta bionda di pochi anni, chiusa in un mutismo che oggi si definirebbe quasi autistico. Il padre aveva effettivamente pensato che qualcosa non funzionasse; gli altri figli avevano parlato presto, mentre lei taceva sempre. Per lui, dopo un consulto medico, significò avere una bambina „babba", cioè stupida. E così la chiamò a lungo, con un diminutivo trovato lì per lì, forse per addolcire la sua delusione: „babbaredda", stupidina.

Ultima di cinque figli, tutti assai vivaci, bruni, in continua competizione fra di loro, sembrava provenire da un altro pianeta. Se ne stava in disparte e taceva, osservando quella banda di selvaggi che la spaventavano. E tutto la spaventava, il buio, i rumori, le persone estranee, i luoghi dove non era mai stata prima: uno zio la prendeva in giro dicendo che aveva paura perfino dell'aria che respirava.

Winkel, die Plätze und ihre Kirchen: die Stadt meiner Sehnsüchte, meiner vielleicht nur erträumten Kindheit. Vor allem aber suche ich ein kleines Dörfchen, oder besser gesagt einen Weiler, Antraccoli, nicht weit von Lucca entfernt, wohin uns mein Vater während des Krieges gebracht hatte. Mir sind nur Bruchstücke von Szenen geblieben, lichterfüllte Visionen, gelbe Kornfelder bereit für die Mahd – was mich zur Annahme führt, dass es früh im Sommer gewesen sein muss –, vor allem aber die Gerüche: die Gerüche der Toskana, nach süßsaurem Wildbret, Rosmarin, Bohnen à la uccelletto – allerdings ohne Vögel – Gerüche, die ich liebte und immer noch liebe. Gerüche, die sich so sehr von denen des mir so heimischen Südens unterschieden, und die in mir eigenartiger Weise keine Sehnsüchte nach verlorenen Dingen hervorrufen, obwohl auch sie verloren sind.

Hier war alles neu, aufregend für jenes blonde, wenige Jahre alte Mädchen, das in einem Schweigen verharrte, das man heute als beinahe autistisch bezeichnen würde. Der Vater hatte in der Tat gedacht, dass irgendetwas nicht funktioniere; die anderen Kinder hatten früh zu sprechen begonnen, während sie immerzu schwieg. Für ihn bedeutete das nach einer ärztlichen Untersuchung, dass er eine Tochter habe, die „babba", das heißt dumm, war. Und so rief er sie lange bei diesem Kosenamen, der ihm ohne zu überlegen – und vielleicht auch um seine Enttäuschung abzumildern – in den Sinn gekommen war: „Babbaredda", Dummchen.

Letztes von fünf Kindern, alle sehr lebhaft, dunkelhaarig, in dauerndem Wettkampf miteinander, schien es von einem anderen Stern zu kommen. Es hielt sich abseits und schwieg, und beobachtete diese Bande von Wilden, die ihr Angst machten. Und alles ängstigte es, die Dunkelheit, die Geräusche, fremde Menschen, Orte, an denen es nie zuvor gewesen war. Ein Onkel hänselte es, indem er sagte, es würde sich gar vor der Luft fürchten, die es atmete.

Sono tornata varie volte a Lucca, ormai adulta, per cercare i luoghi di un'infanzia assai lontana, di una bambina che forse vive ancora dentro di me, della quale stranamente ricordo i pensieri, le sensazioni e la scoperta dei sentimenti.

Passando da Montecatini ho come una lacerazione. Un lampo, una lama di fuoco attraversa la mia mente e mi sconvolge: la prima volta in cui presi coscienza in tutta la sua intensità di un sentimento nuovo, distruttivo. L'odio. Odio verso mia madre che mi truccava le guance prima di uscire, perché si vergognava del mio pallore e non sapeva come rispondere alle domande della gente: povera bambina, è malata? Che non riusciva ad accettare quella bambina magra, muta, che rifiutava tutto, anche la vita stessa.

Qualche anno dopo la guerra ero con lei a Montecatini per la cura delle acque. Giornate di grandissima noia per me. Mattinate piene di attesa e di solitudine nella stanza d'albergo, cui seguivano pomeriggi con l'immancabile passeggiata lungo i viali della città, dove non accadeva mai niente. Una volta, grande novità: già da lontano avvistai un gelataio col suo trabiccolo sull'orlo del marciapiede. Io, incapace di mangiare qualsiasi cibo, amavo moltissimo i gelati e la mamma lo sapeva. Allegra accelerò il passo, convinta di farmi felice. Me ne comprò uno. Per non so più quale motivo, lei al contrario non poteva concedersi quel piacere. Mi chiese di leccarlo una volta. Glielo diedi e non volli più riprenderlo, lasciando che si sciogliesse nella sua mano. Finì col gettarlo in un cassonetto della spazzatura, intanto che quasi piangeva per la disperazione di avere una bambina così cattiva. Questa è Montecatini per me.

La bambina soffriva terribilmente, ma non riusciva a fare

Ich bin mehrere Male als Erwachsene nach Lucca zurückgekehrt, um die Orte einer sehr fernen Kindheit zu suchen, eines Mädchens, das vielleicht noch in mir wohnt, an dessen Gedanken, Empfindungen und Entdeckungen der Gefühle ich mich seltsamer Weise noch erinnere.

Als wir durch Montecatini fahren, spüre ich so etwas wie ein Riss durch mich. Ein Blitz, eine Feuerklinge durchbohrt meinen Geist und verwirrt mich: das erste Mal, dass mir ein neues zerstörerisches Gefühl in seiner ganzen Intensität bewusst wurde. Hass. Hass auf meine Mutter, die mir die Wangen schminkte, bevor wir aus dem Haus gingen, weil sie sich wegen meiner Blässe schämte, und weil sie nicht auf die Fragen der Leute zu antworten wusste. Armes Kind, ist es krank? Sie war nicht imstande dieses magere, stumme Mädchen zu akzeptieren, das alles zurückwies, sogar das Leben selbst.

Einige Jahre nach dem Krieg, war ich mit ihr in Montecatini zur Wasserkur. Tage unendlicher Langeweile für mich. Vormittage voller Warten und Einsamkeit im Hotelzimmer, denen Nachmittage mit unausbleiblichem Spaziergang durch die Alleen der Stadt folgten, wo nie etwas geschah. Ein einziges Mal gab es eine große Neuheit: schon von Weitem sah ich einen Eishändler mit seinem Wägelchen am Rand des Gehsteigs. Ich, unfähig irgendetwas zu essen, liebte Eis über alles, und meine Mama wusste das. Frohgemut beschleunigte sie ihre Schritte, überzeugt, mir eine Freude zu machen. Sie kaufte mir eines. Sie hingegen, ich weiß nicht aus welchem Grund, konnte sich diesen Genuss nicht zugestehen. Sie bat mich, einmal daran schlecken zu dürfen. Ich gab es ihr und wollte es nicht wieder haben, sodass es in ihrer Hand dahinschmolz. Es endete damit, dass sie es in den Abfallkorb warf, während sie vor Verzweiflung, ein so böses Mädchen zu haben, weinte. Das ist Montecatini für mich.

Das Mädchen litt furchtbar, konnte aber nicht zurück. Nie. Es

marcia indietro. Mai. Non capiva da dove venisse quella terribile rabbia distruttiva, quella violenza primordiale che la possedeva tutta, che la spaventava a morte. Quel male però non era nuovo, covava dentro di lei, già da tempo: un nemico subdolo, che conosceva da sempre, che avvelenava la sua piccola esistenza e non le permetteva di godere di niente, del cibo, dell'amore della mamma, della vita stessa. Ora, per la prima volta si manifestava apertamente. E ne prese coscienza. Sapeva che dentro di lei c'era qualcuno, sempre in agguato, che aspettava solo il momento opportuno per mostrarsi, emergere da profondità oscure, pronto ad annientare tutto, lei compresa.

A Lucca abbiamo trovato un delizioso alberghetto con poche stanze tenuto da una sola persona: Gisele Guedze, del Togo. Naturalmente non è la padrona. Lei serve dalla mattina alla sera. Comincia con la colazione, assai caotica, salendo e scendendo una scala stretta che va in cantina, dove penso ci sia la cucina, per preparare il caffè e l'acqua calda per il tè. La cosiddetta colazione si svolge su uno strettissimo balcone all'interno della casa, con tavolini allineati lungo la ringhiera e sedie di quelle che si aprono e chiudono, senza nessuna stabilità. Mi chiedo subito cosa accade in caso di pioggia o freddo. Bisogna servirsi da soli, il che è abbastanza normale, solo che manca tutto: accostato al muro, un microscopico tavolino offre qualche thermos con acqua calda, latte e caffè. Questo è tutto. Il pane, gli eterni cornetti dei supermercati, il burro e la marmellata per i pochi ospiti tedeschi, deve portarli ogni volta dalla cantina. Questa povera donna, stanca già di primo mattino, va su e giù, reggendo un vassoio traballante, intanto che dimentica gli ordini e non sa a chi portare un cucchiaino, una tazza scompagnata o altro. Ma è possibile che sparisca per lungo tempo, dato che deve servire anche nella cosiddetta Reception, ricevere i nuovi clienti, incassare il pernottamento di quelli che partono, ri-

begriff nicht, woher dieser furchtbare, zerstörerische Zorn kam, diese urtümliche Gewalt, die es völlig beherrschte und es zu Tode erschreckte. Dieses Übel aber war nicht neu, gärte schon lange in ihr: ein heimtückischer Feind, den es seit jeher kannte, der seine kleine Existenz vergiftete und ihm nicht erlaubte irgend etwas zu genießen, nicht das Essen, nicht die Liebe der Mutter, ja das Leben selbst nicht. Nun manifestierte sich der Feind zum ersten Mal ganz offen. Und das war dem Mädchen bewusst. Es wusste, dass in ihm jemand war, immer auf der Lauer, der nur den günstigen Augenblick abwartete sich zu zeigen, aus den finsteren Tiefen aufzutauchen, bereit, alles zu vernichten, das Mädchen selbst mit eingeschlossen.

In Lucca haben wir ein entzückendes Gasthaus mit wenigen Zimmern gefunden, das von einer einzigen Person geführt wurde: Gisele Guedze aus Togo. Natürlich nicht die Besitzerin. Sie bedient von früh bis spät. Sie beginnt mit dem Frühstück, ziemlich chaotisch, die schmale Treppe in den Keller hinunter und hinauf, wo sich, glaube ich, die Küche befindet, in der sie den Kaffee und das Wasser für den Tee kocht. Das sogenannte Frühstück wird auf einer sehr schmalen Terrasse auf der Gartenseite des Hauses eingenommen, mit entlang dem Geländer aufgereihten Tischchen und mit Klappstühlen ohne jegliche Stabilität. Ich frage mich sofort, was bei Regen und Kälte passiert. Man muss sich selbst bedienen, was ja üblich ist, nur dass eben alles fehlt: auf einem an die Wand gerückten winzigen Tischchen einige Thermoskannen mit heißem Wasser, Milch und Kaffee. Das ist alles. Brot, die üblichen Hörnchen vom Supermarkt, Butter und Marmelade für die paar deutschen Gäste muss sie jedes Mal vom Keller heraufholen. Die arme Frau, bereits am frühen Morgen müde, treppauf, treppab mit einem wackligen Tablett, vergisst die Bestellungen, weiß nicht mehr, wem sie den Teelöffel bringen soll, wem die fehlende Tasse oder

spondere al telefono e non per ultimo prendere nuove prenotazioni al computer.

Quando l'ultimo cliente ha finito di fare colazione, cioè dopo le dieci, comincia il lavoro vero e proprio, prima sul balcone e poi nelle stanze: ne ha per tutto il giorno. Noi siamo arrivati alle due del pomeriggio e la stanza non era ancora pronta. Le ho poi chiesto come fa da sola a tenere tutto l'albergo, senza un aiuto, senza padrone: ha detto che anzi adesso va molto meglio. Lavora qui da sei anni, guadagna mille euro al mese e soltanto da un anno a questa parte non è più costretta a fare servizio notturno!

La donna, nera, piccola, gli occhi tristi di antiche tristezze, ma forse anche per una realtà quotidiana che va al di là delle sue forze, si trascina da un lavoro all'altro già stanca e rassegnata dalla mattina alla sera, per almeno dodici ore consecutive.

Lucca è una cittadina assai vivace che ormai conosco per esserci tornata varie volte nel corso degli anni, sempre sulle tracce di un'infanzia che si allontana ogni volta di più. Ma non si tratta della città in sé, dei negozi, delle chiese: io cerco una trattoria dove mio padre ci portava a pranzo e dove venni a sapere che i toscani mangiavano spesso e volentieri gatti, al posto di conigli! Così per il resto della mia vita non ho più osato ordinare un coniglio in un qualsiasi ristorante del mondo.

La sera del nostro arrivo in questa città, in quel lontano 1943, dopo esser scesi in un alberghetto del quale non conservo nessun ricordo, fummo invitati a cena da un signore, amico di mio padre. Mai dimenticherò quella casa, antica,

Zeit verschwindet, da sie auch die sogenannte Rezeption zu betreuen hat, neue Gäste empfangen, die Übernachtungen der Abreisenden verrechnen, Anrufe entgegennehmen, und, nicht zuletzt, die neuen Anmeldungen am Computer bearbeiten muss.

Wenn der letzte Gast mit dem Frühstück fertig ist, das heißt nach zehn Uhr, beginnt die eigentliche Arbeit, zuerst auf der Terrasse, dann in den Zimmern: das reicht für den ganzen Tag. Wir sind um zwei Uhr am Nachmittag angekommen und das Zimmer war noch nicht bezugsfertig. Ich habe sie gefragt, wie sie es alleine schafft die Pension zu führen, ohne Hilfe, ohne Besitzer; sie sagt, dass es inzwischen sogar viel besser geht. Sie arbeitet hier seit sechs Jahren, verdient tausend Euro im Monat, und erst seit einem Jahr sei sie nicht mehr gezwungen auch den Nachtdienst zu versehen.

Die Frau, schwarz, klein, die Augen voller Traurigkeit, vielleicht auch wegen eines Alltags, der ihre Kräfte übersteigt, schleppt sie sich müde und resigniert von einer Tätigkeit zur nächsten, erschöpft von morgens bis abends, wegen der durchgehenden zwölf Stunden Arbeit am Tag.

Lucca ist eine sehr lebendiges Städtchen, das ich mittlerweile kenne, weil ich im Laufe der Jahre öfters wiedergekommen bin, immer auf den Spuren einer Kindheit, die sich jedes Mal weiter entfernt. Dabei geht es nicht um die Stadt selbst, die Läden, die Kirchen: ich suche eine Gaststätte, in die uns mein Vater zu Mittag geführt hatte, und wo ich in Erfahrung brachte, dass die Toskaner oft und gerne Katzen an Stelle von Kaninchen aßen! Deshalb habe ich für den Rest meines Lebens nicht mehr gewagt, in irgend einem Gasthaus der Welt Kaninchen zu bestellen.

Nachdem wir am Abend unserer Ankunft in jenem weit zurückliegenden Jahr 1943 in einem kleinen Gasthof abgestiegen waren, an den ich keine Erinnerung bewahrt habe, wurden wir von einem Herrn, einem Freund meines Vaters,

arredata con mobili scuri anch'essi antichi, un lungo tavolo dove ci sedemmo in ordine di età, silenziosi, timidi – io ero naturalmente l'ultima – sotto lo sguardo meravigliato del nostro ospite e della madre che ci servì con molta cortesia della roba squisita. Così dissero i miei genitori. Io non capivo niente e i miei fratelli non osavano fare nessun commento. Adesso penso che la squisitezza del cibo sia una questione di età: i bambini vogliono mangiare sempre le stesse cose che conoscono e non sono disposti a fare esperimenti. Ad ogni modo non ho nessun ricordo delle vivande servite da quella vecchia signora, ma della signora e di suo figlio sì.

Qualche giorno dopo, col trenino, andammo appunto ad Antraccoli. Qui mio padre aveva trovato, presso una corte di contadini, alcune stanze in pensione per i mesi di quella estate.

I ricordi sono assai vaghi. Una grande cucina affumicata, buia, soprattutto la sera, una lampada a petrolio in mezzo a un gran tavolo che dominava la stanza, un enorme camino dove si avrebbe potuto arrostire una animale intero, se soltanto ce ne fosse stato uno. Qualche nome, Ersilia, la contadina, che cucinava ogni giorno polenta, e un vecchio sempre affamato, velocissimo nel mangiare intanto che gettava uno sguardo avido e speranzoso sul mio piatto. Aspettava con impazienza l'evolversi degli avvenimenti: sapeva che io avrei rifiutato di mangiare la mia porzione, la polenta non mi piaceva, e voleva essere il primo ad impadronirsene. Si ingozzava allora per impedire che qualche altro commensale lo precedesse. Una frase resta scolpita nella mia memoria: „allora me la mangio io". Doveva essere il nonno, sdentato, le guance incavate, un bastone fra le gambe che gli permetteva di alzarsi di colpo come spinto da una molla: un salto repen-

zum Abendessen eingeladen. Nie werde ich jenes Haus vergessen, altertümlich, eingerichtet mit finsteren, gleichfalls altertümlichen Möbeln, einem langen Tisch, an den wir uns schweigend, schüchtern, unserem Alter gemäß aufgereiht setzten – ich war natürlich die Letzte – unter den verwunderten Blicken unseres Gastgebers und seiner Mutter, die mit großer Höflichkeit Köstlichkeiten servierte. So sagten meine Eltern. Ich begriff nichts und auch meine Geschwister wagten nicht, irgend eine Bemerkung zu machen. Jetzt denke ich, dass die Köstlichkeit der Speisen eine Angelegenheit des Alters ist: Kinder wollen immer dieselben Dinge essen, die sie kennen, und sind nicht bereit Experimente zu machen. Jedenfalls habe ich keine Erinnerung an die Speisen, die uns jene alte Frau kredenzte, an die Frau und ihren Sohn aber schon.

Einige Tage später fuhren wir mit dem Lokalzug nach Antraccoli. Dort hatte mein Vater in jenem Sommer in einem Bauernhof einige Zimmer für uns als Pensionsgäste gefunden.

Die Erinnerungen sind sehr vage. Eine große verrauchte Küche, finster, vor allem abends, eine Petroleumlampe mitten auf einem großen Tisch, der den Raum beherrschte, ein riesiger offener Kamin, in dem man ein ganzes Tier hätte braten können, wenn es denn bloß eines gegeben hätte. Einige Namen. Ersilia, die Bäuerin, die jeden Tag Polenta kochte, und ein immer hungriger Alter, unglaublich schnell beim Essen, während er einen gierigen und hoffnungsvollen Blick auf meinen Teller warf. Er harrte ungeduldig der Entwicklung der Dinge: er wusste, dass ich mich weigern würde, meine Portion zu essen; die Polenta schmeckte mir nicht, und er wollte der Erste sein, der sie sich schnappte. Er würgte sie also hinunter, um zu verhindern, dass ein Tischgenosse ihm zuvorkommen konnte. Ein Satz bleibt in meinem Gedächtnis eingemeißelt: „... also esse ich sie!" Es muss der Großvater gewesen sein, zahnlos, eingefallene Wangen,

tino e già il mio piatto aveva cambiato posto.

Io lo temevo, perché ogni volta che gli passavo accanto con quel bastone riusciva a farmi ruzzolare per terra, intanto che ridacchiava soddisfatto: doveva avermi in antipatia per il mio essere così delicata e scontrosa.

Ma si trattava di un sentimento reciproco.

Ad Antraccoli andavo anche all'asilo, in un convento di suore. Qui ero costretta a fare dei lavoretti di cucito che mi annoiavano moltissimo: a me piaceva soltanto il sentiero che portava dalla fattoria al convento. Sul fianco della strada scorreva un ruscelletto, forse solo un canale di scolo, e io ero convinta si trattasse di un fiume per bambini. Provenivo da una città dove non avevo visto altra acqua se non quella del mare, per cui non so da dove venisse questa idea del fiume per bambini. Mi vedo e mi sono rivista svariate volte in sogno, andare lungo quel sentiero, sola, senza la costante presenza di un adulto. Un senso di indipendenza ma anche di vuoto, di solitudine, di abbandono: avrebbe potuto accadere di tutto. Ma non sapevo immaginare cosa potesse essere „tutto". Non avevo nessuna idea del tutto, del possibile.

In quella corte vidi per la prima volta una gatta mentre allattava i suoi piccoli, una scena che mi affascinò, e ancora adesso non saprei dire perché. Certo fino ad allora non avevo visto un animale, eccettuato qualche cane randagio, forse un asino o un mulo ma da lontano, dal balcone della mia casa, in Sicilia. Tutti esseri pericolosi, mentre una gatta che leccava amorosamente i suoi micini era una visione nuova del mondo animale che mi lasciò un sentimento di disorien-

einen Stock zwischen den Beinen, der es ihm ermöglichte, sich plötzlich, wie von einer Feder katapultiert, aufzustehen; eine plötzliche Bewegung und schon hatte mein Teller seinen Platz gewechselt.

Ich fürchtete ihn, weil es ihm jedes Mal, wenn ich an ihm vorbeiging gelang, mich mit jenem Stock ins Stolpern zu bringen, während er zufrieden kicherte. Ich musste ihm meines empfindlichen und widerborstigen Wesens wegen unsympathisch sein. Das Gefühl beruhte aber auf Gegenseitigkeit.

In Antraccoli ging ich auch in den Kindergarten, in einem Nonnenkloster. Dort war ich gezwungen kleine Näharbeiten zu machen, die mich furchtbar langweilten; mir gefiel nur der Weg, der vom Bauernhof zum Kloster führte. Den Weg entlang verlief ein Bächlein, vielleicht auch nur ein Abwasserkanal, und ich war überzeugt, dass es sich um einen Fluss für Kinder handelte. Ich kam aus einer Stadt, wo ich kein Wasser außer dem des Meeres kannte, deshalb weiß ich nicht, woher diese Vorstellung vom Fluss für Kinder kam. Ich sehe mich, und habe mich wiederholte Male im Traum gesehen, wie ich jenen Weg entlanggehe, alleine, ohne die stete Gegenwart eines Erwachsenen. Ein Gefühl der Unabhängigkeit aber auch der Leere, der Einsamkeit, der Verlassenheit; es hätte, weiß Gott was, alles passieren können. Ich konnte mir aber nicht vorstellen, was „Alles“ sein sollte. Ich hatte keine Vorstellung von diesem „Alles“.

Auf jenem Hof sah ich zum ersten Mal eine Katze, während sie ihre Jungen säugte, eine Szene, die mich faszinierte, und heute noch wüsste ich nicht zu sagen warum. Gewiss, bis dahin hatte ich außer einigen streunenden Hunden kein Tier gesehen, vielleicht einen Esel, ein Maultier von weitem, vom Balkon unseres Hauses in Sizilien aus. Alles gefährliche Tiere, während eine Katze, die liebevoll ihre Kätzchen ableckte, ein neuer Blick auf die Tierwelt war, der mich mit ei-

tamento: erano capaci di amare? Nacque allora il mio particolare amore per i gatti? Stavo ore e ore accoccolata a una certa distanza dalla gatta e l'osservavo nelle sue funzioni materne, affascinata e turbata. Mi sembrava di essere indiscreta, mi vergognavo della mia curiosità come di cosa disdicevole, quasi gettassi uno sguardo in intimità proibite: mi chiedo ora, quale fosse l'origine di questo eccessivo pudore nei confronti di una gatta! Un ricordo che torna spesso quando vedo qualche reportage su animali che accudiscono i loro piccoli.

Sono tornata ad Antraccoli e non ho ritrovato niente: un quartiere di Lucca, tante case di nuova costruzione. Della corte dei contadini neanche l'ombra. Il convento si trova in un paese vicino ma non c'è mai stato un asilo infantile, così mi vien detto, e della strada col ruscello nessuna traccia. Ho sognato di essere stata lì? Neanche la trattoria con i suoi odori agro-dolce ho ritrovato.

Mi sembra di aver chiuso definitivamente con Lucca. Forse non ci torno più. In ogni caso non più alla ricerca del tempo perduto.

Parto anche questa volta con la sensazione di aver lasciato un buco nel mio passato, impossibile da riempire: ho cercato la corte, l'asilo, il convento, la stradina col ruscelletto accanto. Niente. Non ho ritrovato niente che abbia a che fare con i miei ricordi. Forse è meglio così. Una lezione necessaria. Non bisogna cercare il passato. Deve restare là dove è nato, nel profondo dell'inconscio, e lasciarlo per quello che è: un sottofondo necessario per costruirci sopra il passato più recente, quello che conta, quello nato negli anni della cosiddetta coscienza.

nem Gefühl der Desorientierung zurückließ: waren sie fähig zu lieben? Hatte meine besondere Liebe für die Katzen dort ihren Ursprung? Ich verbrachte Stunden um Stunden zusammengekauert in einiger Entfernung der Katze und beobachtete fasziniert, und beunruhigt die mütterlichen Tätigkeiten. Ich hatte das Gefühl indiskret zu sein und schämte mich meiner Neugierde, wie einer unschicklichen Sache, beinahe so, als würde ich einen Blick auf verbotene Intimitäten werfen. Jetzt frage ich mich, wo diese übertriebene Scham einer Katze gegenüber herrührte! Eine Erinnerung die häufig wiederkehrt, wenn ich eine Reportage über Tiere sehe, die ihre Jungen versorgen.

Ich bin nach Antraccoli zurückgekehrt und habe nichts von dem wiedergefunden: es ist jetzt ein Stadtteil von Lucca, viele Neubauten. Vom Bauernhof keine Spur. Das Kloster hat es nie gegeben, so sagt man mir, und keine Spur von dem Weg mit dem Bach. Habe ich geträumt dort gewesen zu sein? Auch das Gasthaus mit seinen süßsauren Gerüchen habe ich nicht wiedergefunden.

Es scheint als wäre ich endgültig fertig mit Lucca. Vielleicht kehre ich nicht mehr nach Lucca zurück. Jedenfalls nicht mehr auf der Suche nach der verlorenen Zeit.

Ich reise auch dieses Mal mit dem Gefühl ab, ein unmöglich zu füllendes Loch in meiner Vergangenheit zurückgelassen zu haben. Ich habe den Bauernhof gesucht, den Kindergarten, das Kloster, den Weg mit dem Bächlein daneben. Ich habe nichts gefunden, was mit meinen Erinnerungen zu tun hat. Vielleicht ist es besser so. Eine notwendige Lektion. Man soll nicht nach der Vergangenheit suchen. Sie soll dort bleiben, wo ihr Ursprung ist, in den Tiefen des Unterbewusstseins, und das bleiben was sie ist: ein notwendiger Hintergrund, vor dem die nähere Vergangenheit aufgebaut werden kann, das was zählt, was in den Jahren des sogenannten bewussten Lebens gewachsen ist.

Grazie a Mauro e ad Helmut
pazienti e preziosi tessitori di
parole e di serenità

TOSCANA

Tre racconti
di
Lorella Rotondi

Mein Dank gilt Mauro und Helmut
geduldige und segensreiche
Bearbeiter des Textes.

Toskana

Drei Erzählungen
von
Lorella Rotondi

I rossetti al viso

I ricordi, per noi anziani, sono come le foglie d'autunno che vagano nel cielo spinte dal vento, e che sono difficili da afferrare prima che cadano, confuse, sulla terra.

Mi ricordo che io c'ero, quella mattina, a *Ponte alle Riffe*[1] quando i partigiani freddarono mia madre. Ero dietro di lei. Avevo dodici anni e tenevo per mano mio fratello di otto. Diana, la sorella più grande, di quindici anni, e Doris, di dieci, erano da una zia a farle compagnia e un po' di servizi in cambio di pochi spiccioli, un po' di farina, zucchero o un paio di uova.

Io avevo proposto alla mamma di andare incontro a Diana e a Doris perché, essendo quasi l'ora di pranzo, sarebbero state sulla via del ritorno. Il pane era poco; l'erba di campo era stata già lessata e ripassata in padella con un po' d'aglio e con il lardo giallo che, di notte, aveva lasciato un uomo alto e biondo, che spesso veniva a trovare la mamma mentre noi tutti dormivamo. Mi sembra che ci fosse anche la solita minestrina di semolino, che più che sfamare ti riscaldava lo stomaco. La mamma si era lavata le mani, le aveva asciugate passandole sul grembiule di casa che teneva annodato ai fianchi due volte, tanto era dimagrita. Si era ravviata i capelli rossi Tiziano, come i miei, poi s'era bagnata con la saliva la punta dell'indice con cui ridisegnò le sopracciglia e le folte ciglia guardandosi allo specchio. Aveva uno sguardo bellissimo, occhi grandi e verdi. Sembrava un diva del cinema, an-

[1]Piccolo ponte di Firenze nella zona delle Cure.

Die roten Wangen

Die Erinnerungen sind für uns Betagte wie die Herbstblätter, die vom Wind getrieben über den Himmel treiben, und die schwer zu fassen sind, bevor sie wirr zu Boden fallen.

Ich erinnere mich, dass ich an jenem Morgen dort war, an der Brücke, Ponte alle Riffe[2] genannt, als die Partisanen meine Mutter umbrachten. Ich war hinter ihr. Ich war zwölf Jahre alt und hielt meinen achtjährigen Bruder an der Hand. Diana, meine größere fünfzehnjährige Schwester, und die zehnjährige Doris waren bei einer Tante, um ihr Gesellschaft zu leisten und ihr für ein bisschen Kleingeld, ein wenig Mehl, Zucker und ein paar Eier, etwas zur Hand zu gehen.

Ich hatte meiner Mutter vorgeschlagen Diana und Doris entgegenzugehen, weil sie, da es beinahe Essenszeit war, auf dem Rückweg sein mussten. Das Brot war knapp; die Wiesenkräuter waren bereits gegart und in der Pfanne mit etwas Knoblauch im gelben Speck angedünstet worden, das ein großer, blonder Mann, der die Mutter oft nachts besuchen kam, während wir schliefen, dagelassen hatte. Ich glaube, es gab auch das übliche Griessüppchen, das eher den Magen wärmte, als dass es den Hunger stillte. Mutter hatte sich die Hände gewaschen, sie hatte sie sich an der Hausschürze abgetrocknet, die sie an den Hüften zweimal verknotet hatte, so sehr abgemagert war sie. Sie hatte ihre Haare, tizianrot wie die meinen, etwas gerichtet, dann hatte sie mit ihrem Speichel die Spitze des Zeigefingers befeuchtet, um mit ihr, sich im Spiegel betrachtend, die Augenbrauen

[2]Kleine Brücke in Florenz in der Zone *delle Cure.*

che con uno straccio addosso.

»Mamma perché lo fai?«

»Faccio cosa?«

»Ti bagni il dito mettendolo in bocca e te lo dai sulle ciglia e le sopracciglia.«

»È saliva, disinfetta e ti fa lo sguardo bello; poi, due pizzichi alle gote e ci si fanno *i rossetti al viso*, perché con questo pallore sembriamo tutti malaticci; secchi come spilli e bianchi bianchi. La guerra si vince facendosi „la faccia da vincitori", non lo sai? Io mi faccio i trucchi come posso permettermi, piccina. La guerra doveva durare un *fiat*[3], invece non passa mai, come la scarlattina della Doris. Vieni qua, che ti faccio due pizzicotti pure a te che sembri una morticina, mica come tuo fratello, che è „rosso come una gallina mugellana" perché corre in giro tutto il giorno. E meno male che abbiamo il giardino.«

»Quando siamo fuori, Gino non mi dà mai la mano, non mi obbedisce! Mamma, diglielo te, che quando non ci sei mi deve ascoltare.«

»O Mirellina, ma se dà retta solo a te! Ti chiama „Mina" perché tu sei „la sua mam-mina". E poi fatti rispettare, mollagli un ceffone se ti fa arrabbiare!«

»Ma che dici mamma, è il mio bambolottino! Da quando non vado più a scuola, non ho che lui e... poco da cucinare e rigovernare. Mamma, bisogna che trovi un po' da mangiare... quello che la zia dà a Doris e Diana non ci basta«.

»Troverò, troverò... la fai facile tu. Col babbo che non si sa dove sia da più di un anno, le tessere[4] che non bastano,

[3]In un attimo; una guerra lampo.
[4]Tessere annonarie per razionare il cibo durante la guerra.

und die dichten Wimpern nachzuzeichnen. Sie hatte einen wunderschönen Blick, große, grüne Augen. Auch nur mit einem Fetzen am Leib, schien sie eine Filmdiva zu sein.

»Mama, warum tust du das?«

»Tue ich was?«

»Du machst den Finger im Mund nass und fährst dir damit über die Augenbrauen und die Wimpern.«

»Es ist Speichel, er desinfiziert und verleiht dir schöne Augen; dann noch zwei Kniffe in die Wangen, „Rouge" für das Gesicht, denn mit dieser Blässe sehen wir alle kränklich aus; dürr wie die Stecknadeln und ganz bleich. Den Krieg gewinnt man, indem man das Gesicht der Sieger aufsetzt, weißt du das nicht? Ich schminke mich wie ich es mir leisten kann, Kleine. Der Krieg sollte nur ein Blitzkrieg sein, statt dessen endet er nie, wie der Scharlach von Doris. Komm her und ich mach auch dir zwei Kniffe, sonst siehst du wie eine kleine Leiche aus, nicht wie dein Bruder, der rot wie eine Henne aus dem Muggello ist, weil er den ganzen Tag herumrennt. Zum Glück haben wir den Garten.«

»Wenn wir draußen sind, gibt mir Gino nie die Hand, er folgt mir nicht! Mama, sag du es ihm, dass er mir folgen muss, wenn du nicht da bist.«

»Ach Mirellinchen, wenn er doch nur auf Dich hört! Er nennt dich Mina, weil du seine „Mamm-mina" bist. Du musst dir Respekt verschaffen, und ihm eine Ohrfeige verpassen, wenn er dich ärgert!«

»Aber was redest du da, Mama, er ist doch mein Püppchen! Seit ich nicht mehr zur Schule gehe, habe ich niemanden, außer ihn und ... wenig zu kochen und aufzuräumen. Mama, du musst etwas zum Essen finden; das was die Tante der Doris und Diana gibt, ist nicht genug für uns alle.«

»Ich werde schon etwas finden ... du hast leicht reden. Von Papa weiß man seit einem Jahr nichts mehr, die Lebensmittelkarten[5] reichen nicht, vier Kinder und ich Unglücks

[5]Nur mit diesen Karten erhielt man im Krieg Lebensmittel

quattro figli e me, disgraziata. Ma andiamo, hai ragione, si va incontro alle tue sorelle. Chiama anche Gino.«

Si tolse il grembiule e provò uno sguardo bello allo specchio prima di uscire, come quello delle attrici, un po' in tralice, e fece un sorrisetto con cui arrivammo alla fine della via. Poi deve aver visto qualcuno o capito qualcosa, mi si è parata davanti... un colpo... e mi è caduta ai piedi. Ho preso Gino e siamo corsi indietro; non riuscivo ad aprire casa per lo spavento e il tremore. Poi mi sono nascosta con Gino sotto il letto della camerina; lui si è fatto la pipì addosso, ma io non l'ho sgridato. Avrei voluto liberarmi anch'io... ma del rosso sangue della mamma sparso sulla strada, e dei passi di corsa di quei due tipacci che le avevano sparato, per poi fuggire giù, lungo l'argine del fiume.

Ci addormentammo abbracciati, stretti sotto il letto. Era sera quando vennero zia Dora con la signora Graziella, la vicina di casa. Zia Dora, sorella del babbo, aveva la nostra chiave di casa ma viveva da sola con un gran micione nella sua casa di Piazza San Gallo. La zia teneva per mano nostra sorella Diana che piangeva; doveva averci cercato e chiamato senza successo, chissà per quanto tempo.

»Eccoli dov'erano! Diana, Doris, sono qui, non piangere. Sono qui.«

»Venite fuori! Mirella, Gino, uscite! Siamo noi. Ci sono Diana e Doris, c'è anche la signora Graziella. Non mi riconosci? Graziella, provi lei... a me non rispondono. Poverini! Sono ancora pieni di paura.«

»Vieni, piccola, vieni, ho preparato un po' di latte caldo per te e Gino. Doris e Diana l'hanno già preso. Basta stare lì! Fate i bravi, uscite!«

mensch. Aber gehen wir jetzt, Du hast recht, gehen wir Deinen Schwestern entgegen. Ruf' auch Gino.

Sie legte die Schürze ab und übte einen schönen Augenaufschlag vor dem Spiegel, bevor sie ausging, so einen wie die Schauspielerinnen, ein bisschen von der Seite, und setzte ein Lächeln auf, das bis an das Ende der Straße vorhielt. Dann muss sie jemanden gesehen oder etwas mitbekommen haben, denn sie hat sich vor mich gestellt ... ein Schuss ... und sie ist mir vor die Füße gefallen. Ich habe Gino genommen, und wir sind zurückgelaufen; vor lauter Schreck und weil ich zitterte, war ich nicht imstande die Haustür aufzusperren. Dann habe ich mich mit Gino unter dem Bett im Kinderzimmer versteckt; er hat sich angepinkelt, aber ich habe ihn nicht gescholten. Auch ich hätte mich gerne erleichtert ... aber von dem Rot von Mamas auf der Straße vergossenem Blut, und von den eiligen Schritten jener zwei üblen Kerle, die auf sie geschossen hatten, um dann zu flüchten, hinunter, dem Ufer des Flusses entlang.

Eng umschlungen schliefen wir ein, eng beieinander unter dem Bett. Es war Abend, als Tante Dora mit Frau Graziella, der Nachbarin, kam. Tante Dora, die Schwester meines Vaters, hatte einen Haustürschlüssel, aber sie lebte alleine mit einer großen Katze in ihrem Haus an der Piazza San Gallo. Die Tante hielt unsere Schwester Diana, die weinte, an der Hand; sie musste uns, wer weiß wie lange, erfolglos gesucht und gerufen haben.

»Sieh an, wo sie waren! Diana, Doris, sie sind hier, nicht weinen. Sie sind hier.«

»Kommt heraus! Mirella, Gino, kommt heraus! Wir sind's. Diana und Doris sind hier, und auch Frau Graziella. Erkennst du mich nicht? Graziella, versuchen Sie es, mir antworten sie nicht. Die Ärmsten! Sie sind noch voller Angst.«

»Komm, Kleine, komm, ich hab' ein wenig Milch warm gemacht für dich und Gino. Doris und Diana haben schon davon getrunken. Schluss jetzt! Seid brav und kommt her-

Io e Gino rimanemmo forse un'altra ora lì sotto. Ci pareva un altro mondo lì. Se fossimo usciti avremmo dovuto fare i conti con quello che era successo, con l'irreversibilità dell'accaduto: la mamma, lo sparo, il sangue, i due assassini; la fuga, la loro e la nostra; l'abbandono della mamma verso di noi, e di noi verso la mamma; la chiave che non entrava, e che poi è entrata; noi stretti stretti sotto il letto; la morte e l'odore di urina di mio fratello. A tutti, e a noi, sarebbe bastato questo elenco? Sapevo che tutti si aspettavamo di più. Come Gino, quando la sera lo addormentavo e poi si svegliava mentre tutti dormivano, e la mamma era di là, con quell'uomo biondo e alto, che parlava in... non lo so in che lingua... non si capiva niente. E Gino che mi diceva di raccontargli una storia più lunga, perché se è lunga è vera, se no è una favola.

A me, ora, non mi veniva da dire nemmeno una favola. Avevo solo una breve e confusa sequenza di fatti, uno straccio di storia, logoro e scarno come noi. La mamma si era sistemata col dito e fatta „i rossetti sul viso" per morire? Quello che era accaduto aveva sorpreso solo me e Gino o pure la mamma? Aveva fatto „la faccia da vincitori". Ma poi era morta, aveva perso. A noi non restava niente, e, ormai, dovevamo uscire da là sotto. Dissi a Gino, mentre gli tenevo la mano, che dovevamo uscire. Ma Gino resisteva. La paura non era passata né a me né a lui; io ero solo più ragionevole, pertanto uscii da sotto il letto ma rimasi in camerina. Il resto della famiglia, con la zia Dora, era radunata in cucina. Gino ancora non si decideva ad uscire, così io, zitta zitta, ascoltai i discorsi della zia e della vicina di casa. Commentavano il comportamento imprudente della mamma che, a loro dire, ci aveva

aus!«

Gino und ich blieben vielleicht noch eine weitere Stunde dort drunten. Es schien uns eine andre Welt zu sein, dort. Wären wir hinausgekrochen, hätten wir uns dem stellen müssen, was geschehen war, der Unumkehrbarkeit des Vorgefallenen: die Mama, der Schuss, das Blut, die beiden Mörder; die Flucht, ihre und unsere; die Mama, die uns im Stich lässt und wir sie; der Schlüssel, der nicht ins Schloss will, und dann das Eintreten; wir, ganz eng zusammengekauert unter dem Bett; der Tod und der Geruch vom Urin meines Bruders. Würde diese Aufzählung den anderen und uns genügen? Ich wusste, dass sich alle mehr erwarteten. Wie Gino, wenn ich ihn am Abend zu Bett brachte, und er aufwachte, wenn alle schliefen, und die Mama dort war, mit diesem blonden, großen Mann, der in ... ich weiß nicht welcher Sprache redete ... man verstand nichts. Und Gino, der zu mir sagte, ich solle ihm eine noch längere Geschichte erzählen, weil; wenn sie lange ist, ist sie wahr, wenn nicht, ist es ein Märchen.

Mir war jetzt nicht nach einem Märchen zumute. Ich hatte nur eine kurze, verwirrte Abfolge von Tatsachen, einen Fetzen Geschichte, abgenutzt und mager wie wir. Hatte sich Mama mit dem Finger zurecht gemacht und das „Wangenrot“ ins Gesicht gezaubert, um zu sterben? Hatte das, was vorgefallen war, nur mich und Gino überrascht oder auch Mama? Hatte sie das „Gesicht der Sieger“ aufgesetzt? Dann aber ist sie gestorben, hat verloren. Uns blieb nichts, und nun mussten wir von dort unten hervorkriechen. Ich sagte zu Gino, während ich ihn an der Hand hielt, dass wir hinaus mussten. Gino aber weigerte sich. Die Angst war weder mir noch ihm vergangen; ich war nur einsichtiger, deshalb kroch ich unter dem Bett hervor, blieb aber im Kinderzimmer. Der Rest der Familie, samt Tante Dora, war in der Küche versammelt. Gino entschloss sich immer noch nicht herauszu-

sfamati collaborando con i soldati tedeschi. Ora i partigiani stavano vendicando i compagni persi a causa delle spiate e non facevano sconti a nessuno: era stato ucciso anche il prete. Il problema per la zia era come sistemare quattro bambini rimasti senza padre e senza madre. Sbrigativamente concluse di pensarci con calma: per cena c'era intanto del latte... e il corpo della mamma era in attesa di sepoltura nella piccola cappella del rione. Il funerale sarebbe stato celebrato l'indomani, al crepuscolo del mattino, in gran fretta da Padre Silvano nella chiesa vicino casa.

Fu allora che mi mossi solo un po'. La zia comprese che ero sveglia anche se non poteva vedermi. Fece silenzio e con Graziella smisero di mormorare cattiverie su mia madre e passarono a parlare di come fare per il funerale. Gino uscì da sotto il letto e, spinto da me, andò verso la cucina e la zia lo chiamò:

»Vieni caro dalla zia a darle un bel bacio!«

Gino strinse la zia Dora al collo e finalmente pianse. Io non abbracciai nessuno, non piansi non bevvi il latte.

Non piansi, nemmeno il giorno dopo, in chiesa. Prima di andare alla funzione mi ero bagnata la punta dell'indice con la saliva e me lo ero passato sulle ciglia e sopracciglia. Avevo provato il mio sguardo giallognolo allo specchio e fatto la „faccia da vincitori". Annusai l'aria fresca della mattina ed entrai con gli altri nella chiesa. La mamma era stata composta. Aveva un abito verde. Era un abito che indossava di rado, un abito buono. Dopo quattro figli ci stava dentro

kommen, also lauschte ich ganz still den Gesprächen der Tante und der Nachbarin. Sie kommentierten das unvorsichtige Verhalten der Mama, die uns, laut ihnen, vor dem Hunger bewahrte, indem sie mit den deutschen Soldaten kollaborierte. Jetzt aber rächten die Partisanen, die durch Verrat verlorenen Genossen, und es gab keinen Pardon für niemanden: auch der Priester war umgebracht worden. Das Problem der Tante war, wie sie vier Kinder unterbringen sollte, die ohne Vater und ohne Mutter geblieben waren. Fürs Erste beschloss sie, in Ruhe darüber nachzudenken: Zum Abendessen gab es indes noch ein wenig Milch ... und Mamas Leiche wartete auf das Begräbnis in der kleinen Kapelle des Viertels. Das Begräbnis würde am nächsten Tag stattfinden, im Morgengrauen, in aller Eile von Pater Silvano in der Kirche nebenan zelebriert.

Da war es, dass ich mich ein wenig bewegte. Die Tante begriff, dass ich wach war, auch wenn sie mich nicht sehen konnte. Sie schwieg, und sie hörten auf, Bosheiten über meine Mutter zu flüstern, und gingen dazu über, darüber zu reden, wie das Begräbnis zu machen sei. Gino kroch unter dem Bett hervor und von mir geschoben ging er Richtung Küche und die Tante rief ihm zu:

»Komm zur Tante, Lieber, lass dir einen schönen Kuss geben!«

Gino umarmte Tante Doras Hals und weinte endlich. Ich umarmte niemanden, weinte nicht und trank keine Milch.

Ich weinte auch in der Kirche nicht, am nächsten Tag. Bevor ich zur Kirche ging, hatte ich mir die Spitze des Zeigefingers mit Speichel benetzt, und bin mir damit über Wimpern und Augenbrauen gefahren. Ich hatte meinen gelblichen Blick im Spiegel geübt, und das „Gesicht der Sieger“ gemacht. Ich roch die frische Morgenluft und betrat mit den anderen die Kirche. Mama war aufgebahrt worden. Sie hatte ein grünes Kleid an. Es war ein Kleid, das sie selten anzog, ein gutes

come una signorina, merito anche della guerra, per gli stenti e la fame patiti. Ma il vestito verde, quando l'avevano preso a casa per vestirla? Chi era venuto? Io e Gino dovevamo aver dormito un sonno lungo e profondo. Diana e Doris avevano suonato a lungo, raccontarono. Noi niente. Sicché ci avevano cercato tanto per il quartiere, poi la tragedia della mamma le aveva occupate e per un po' ci avevano dimenticati, fino a quando zia Dora non aveva ripreso le ricerche con successo. Io e Gino sotto al letto stavamo meglio che lì, con la mamma ad occhi chiusi, col vestito della festa senza una festa. O era una festa morire? O era una festa non avere più madre e padre? Ero piena di rabbia e non sapevo verso chi. Di certo non avrei pianto, nemmeno per i crampi che sentivo. Avevo fame. Mia madre morta lì e il mio stomaco che brontolava: le budella hanno le loro speciali ragioni, così lontane dal cuore, lontane dal foro nel petto che aveva mia madre sotto il vestito verde della festa. La mamma aveva una sola scarpa; l'altra non l'avevano trovata, e altre in casa non ce n' erano. Diana, accortasene, le tolse anche quella. Fu allora che notai la bellezza totale di quella donna, dalla cima dei capelli fulvi ai piedi di avorio; le mani, le labbra, il taglio degli occhi, il viso...e fu lì che le piantai due pizzicotti sulle gote. Diana mi diede uno schiaffo e zia Dora una sberla dietro il capo.

»È pallida!«, dissi. »La mamma voleva che ci si mostrasse in salute e con un bel colorito. Così pare una morta, diceva.«

»È morta, Mirella, nostra madre è morta!" diceva tra le lacrime Diana.

»Non è vero, non è vero...è caduta! Non l'abbiamo aiutata

Kleid. Nach vier Geburten sah sie darin wie ein junges Mädchen aus, auch das ein Verdienst des Krieges, der Entbehrungen und des erlittenen Hungers. Aber das grüne Kleid, wann hatten sie es zu Hause abgeholt, um es ihr anzuziehen? Wer war gekommen? Ich und Gino mussten in einen langen und tiefen Schlaf gefallen sein. Diana und Doris hatten lange geläutet, erzählten sie. Und wir, hörten nichts. Also haben sie im Viertel lange nach uns gesucht, dann hatte sie die Tragödie Mamas eine Weile beschäftigt, und sie hatten uns vergessen, bis Tante Dora die Suche mit Erfolg wieder aufgenommen hatte. Mir und Gino ging es unterm Bett besser, als dort mit Mama mit ihren geschlossenen Augen, mit dem Festtagskleid ohne Fest. Oder war Sterben ein Fest? Oder war es ein Fest, keine Mutter und keinen Vater mehr zu haben? Ich war voller Zorn, und wusste nicht auf wen. Sicher würde ich nicht weinen, nicht einmal wegen der Krämpfe, die ich spürte. Ich hatte Hunger. Meine tote Mutter dort, und mein Magen, der knurrte: das Gedärm hat seine eigenen besonderen Gesetze, so weit weg vom Herzen, weit weg vom Loch, das meine Mutter unter dem grünen Festkleid in der Brust hatte. Mama hatte nur einen Schuh; den anderen hatten sie nicht gefunden, und andere gab es im Haus nicht. Als Diana es bemerkt hatte, hatte sie ihr auch diesen ausgezogen. Da war es, dass ich die ganze Schönheit dieser Frau bemerkte, von den rotblonden Haaren bis zu den Füßen aus Elfenbein; die Hände, die Lippen, die Linie der Augen, das Gesicht ... und da hab ich ihr in beide Wangen gekniffen. Diana gab mir eine Ohrfeige und Tante Dora einen Schlag auf den Hinterkopf.

»Sie ist blass!«, sagte ich. »Mama wollte, dass man sich gesund und mit einer hübschen Farbe zeigte. So sieht sie wie eine Tote aus, sagte sie.«

»Sie ist tot, Mirella, unsere Mutter ist tot!«, sagte Diana unter Tränen.

»Das ist nicht wahr, das ist nicht wahr ... sie ist gefallen!

perché ci ha gridato di tornare a casa. Ha detto: „Via via, andate a casa! Mirella mi raccomando, bada a Gino! Correte via, andate a casa!"«

I ricordi sono come foglie d'autunno...

Ricordo di quel giorno che mentre correvo via con Gino pregavo di salvarmi, non che lei si salvasse; pregavo che a Gino non succedesse nulla, non a lei, che così spesso era via da casa e mi lasciava sempre il compito di accudire Gino e la casa... dovevo fare la mamma mentre io volevo essere solo una bambina. E c'era ancora qualcosa ma i ricordi non tornano mai limpidi, e io non voglio ricordare tutto davvero. Tutti volevano sapere da me la storia lunga, quella della verità. Ma, allora, contava solo cosa avremmo mangiato l'indomani e chi avrebbe pensato a noi.

Ricordo che erano le sei del mattino quando trasportarono la mamma al *cimitero di Trespiano*[6]. Andò solo Diana con Dora.

Io rimasi con Doris e Gino dalla signora Graziella. I condomini fecero una colletta e pagarono il poco che fu chiesto per la cerimonia. Andai, come talvolta facevo, dalla zia Emilia, in via Giovanni Berta, che ancora non sapeva nulla. Le raccontai tutto, si commosse, ma volle comunque che le pulissi casa e gli strofinassi gli argenti; poi mi dette del pane nero e delle patate da dare anche alle mie sorelle, e mi rispedì a casa dicendo:

»Non preoccuparti Mirella, il babbo tornerà presto. Ci penserà lui a voi. Povera Vittoria. Sempre così imprudente. C'era da immaginarselo, prima o poi. Non si mantiene così una fa-

[6]Il cimitero principale di Firenze.

Wir haben ihr nicht geholfen, weil sie uns zugerufen hat, nach Hause zu laufen. Sie hat gesagt: „Weg, weg, geht nach Hause! Mirella, ich bitte dich, pass auf Gino auf! Rennt fort, geht nach Hause!"«

Die Erinnerungen sind wie Blätter im Herbst ...

Ich erinnere mich, dass ich an jenem Tag, während ich mit Gino fortlief, gebetet habe gerettet zu werden, nicht dass sie sich retten solle; ich betete, dass Gino nichts zustoße, nicht ihr, die so oft von zu Hause fort war, und mir immer die Aufgabe überließ, Gino zu versorgen und das Haus ... ich musste die Mama spielen, während ich nur ein Kind sein wollte. Und da war noch etwas, aber die Erinnerungen kehren nie klar zurück, und ich will mich nicht wirklich an alles erinnern. Alle wollten von mir die lange Geschichte wissen, jene der Wahrheit. Aber damals zählte nur, was wir am nächsten Tag essen könnten, und wer an uns denken würde.

Ich erinnere mich, dass es sechs Uhr morgens war, als sie Mama zum Friedhof von Trespiano[7] brachten. Nur Diana ging mit Dora mit.

Ich blieb mit Doris und Gino bei Frau Graziella. Die Hausnachbarn machten eine Kollekte und bezahlten dem Pfarrer das Wenige, das für die Zeremonie verlangt wurde. Ich ging, wie ich es manchmal tat, in die Giovanni-Berta-Strasse zu Tante Emilia, die noch nichts wusste. Ich erzählte ihr alles; sie war ergriffen, wollte aber trotzdem, dass ich ihr die Wohnung putzte und die Silbersachen polierte; dann gab sie mir Schwarzbrot und einige Kartoffeln, auch für meine Schwestern, und schickte mich nach Hause, indem sie sagte:

»Sorge dich nicht, Mirella, der Papa kommt bald zurück. Er wird sich um euch kümmern. Arme Vittoria. Immer so unvorsichtig. Man konnte so etwas erwarten, früher oder später. So ernährt man keine Familie, bah! Gewiss, sie war

[7] Der Zentralfriedhof von Florenz.

miglia, mah! Certo aveva solo 38 anni la vostra mamma. Povera Vittoria, quattro figlioli e un marito volontario in guerra. Povera Vittoria, una bella donna nata sfortunata.«

nur achtunddreißig Jahre alt, eure Mama. Arme Vittoria, vier Kinder und einen Mann als Freiwilligen im Krieg. Arme Vittoria, eine schöne Frau, sie ist glücklos auf die Welt gekommen.«

La Dama dipinta

Caro Matteo,

ti devo ringraziare per essere nella mia vita. Ti ringrazio, figlio mio, con la lucida consapevolezza che danno gli anni.

La vista cala, l'orizzonte dei ricordi si amplia quasi quanto il mare. Per questo perdiamo diottrie e portiamo occhiali, per la solita invidia che gli dèi hanno degli uomini via via che ci avviciniamo a loro per acume e per il comune destino d'eternità. Un'effimera eternità, amore mio, fatta della memoria dei vivi che ci amarono e che ci rammentano, appena morti, come déi, dimenticando gli insulti, le sgarberie, le incomprensioni e i silenzi, densi come paludi limacciose, che ci siamo scambiati in vita.

Sarà così per tua zia Antonella, poverina. Sappi che ha avuto le sue ragioni per farsi riccio[1], pungente e nascosto. È sempre stata taglia extralarge ma con un cuore extrasmall. Fare il riccio le permetteva la giusta distanza dalle persone per non mettere a rischio il suo piccolo cuore. Antonella aveva da farmi pagare tutte quelle che io da piccina feci pagare a lei.

Qualunque diavoleria, qualunque impresa mi fallisse, la colpa era di Antonella e non la mia. Mi credevano pure quando mi trovavano sul fatto, con le mani „nel barattolo della marmellata", tanto per intenderci. Sicché ad un certo punto non dovevo nemmeno mentire dicendo: „Non sono sta-

[1]Il Riccio in toscana in senso figurativo si dice di persona schiva e ritrosa, che sta sulla difensiva.

Die gemalte Dame

Lieber Matteo,

ich muss mich bedanken, dass Du in meinem Leben bist. Ich danke Dir, mein Sohn, mit dem klaren Bewusstsein, das einem die Jahre bringen.

Das Augenlicht nimmt ab, der Horizont der Erinnerungen weitet sich, beinahe wie das Meer. Deshalb verlieren wir Dioptrien und tragen Brillen, wegen des üblichen Neids, den die Götter den Menschen gegenüber empfinden, je mehr wir uns ihnen in Sachen Scharfsinn und dem gemeinsamen Schicksal der Ewigkeit nähern. Eine vergängliche Ewigkeit, mein Lieber, bestehend aus dem Gedächtnis der Lebenden, die uns liebten und die uns, sowie wir tot sind, wie Götter in Erinnerung rufen, Beleidigungen vergessend, Missverständnisse und Schweigen, dickflüssig wie lehmige Sümpfe, die wir im Leben austauschten.

So wird es auch für Deine Tante Antonella sein, die Arme. Du musst wissen, dass sie ihre Gründe gehabt hat sich einzuigeln, stachelig zu werden und sich zu verstecken. Sie hatte immer Extragrößen getragen, aber das Herz war extra klein. Die Igelin zu spielen, hat ihr immer die richtige Distanz zu den Menschen ermöglicht, um ihr kleines Herz nicht in Gefahr zu bringen. Antonella hatte mir all das heimzuzahlen, was ich ihr als Kind angetan hatte.

Egal welche Teufelei, welche Unternehmung mir missglückte, es war immer die Schuld Antonellas, nicht die meine. Man glaubte mir, selbst wenn man mich auf frischer Tat, mit den Händen im Marmeladenglas erwischte, bildlich gesprochen. So, dass ich ab einem gewissen Moment gar nicht mehr lügen und sagen musste: „Ich bin es nicht gewesen, es

ta io, la colpa è di Antonella", andavano diretti da lei e giù scapaccioni. Lei mi puntava i suoi occhi piccini che si facevano più azzurri e pungenti: senza parlare dicevano più che se avessero avuto voce e lingua, e mordevano più che se avessero avuto i denti.

Sicché il suo astio verso di me è scontato come la brina del mattino in inverno. Cuore da perdonare e di capire *perché* mi comportassi così, non l'ha mai avuto per me! Per gli altri a volte sì. E ora, che strano, a farmi pena è lei. Non è né buona né generosa, io la sua natura autentica la conosco bene. Io sono sua sorella minore. Se fosse buona lo sarebbe con tutti, non solo con chi sceglie con cura. Antonella ha sempre scelto il „pochino" rispetto al „tanto", ma non per modestia, ma per patire pure poco, come conoscesse la *ricetta della vita serena*; tutto a proporzione, il patire e il gioire.

Diedero la colpa ad Antonella anche quando, intorno ai tredici anni, presi di nuovo a orinare a letto. Io non l'avevo incolpata, quella volta lì; avevano fatto tutto da soli, babbo e mamma. Io non l'avevo difesa. Questo pure è giusto dirlo! Non l'avevo difesa perché, prima che aprissi bocca, lei mi aveva puntato quegli occhini aguzzi addosso, e mi faceva freddo e male con quegli occhi, quasi quanto ne avevo subìto nella stalla a cinque anni e poi nella stanza della *Dama dipinta* a tredici. Oggi si parla di pedofilia, amore mio; a quel tempo, nella campagna toscana, qui in Mugello, ma penso ovunque, si sapeva solo di come „l'ozio fosse padre del vizio", e fra il frinire delle cicale e il canto del grillo, *la biscia*[2] degli uomini si strusciava sui bambini con la naturalità di come strisciava a terra vicino alle pozze d'acqua. Poteva accadere, almeno. A me era accaduto. Era un male naturale e

[2]La biscia allude figurativamente all'organo maschile

ist die Schuld Antonellas"; sie gingen direkt zu ihr, und es hagelte Kopfnüsse. Sie fixierte mich mit ihren kleinen Augen, die noch blauer und stechender wurden: ohne zu sprechen sagten sie mehr, als wenn sie eine Stimme und eine Zunge gehabt hätten, und sie bissen stärker zu, als es mit Zähnen möglich gewesen wäre.

Also ist ihr Groll mir gegenüber folgerichtig, wie der Reif an einem Wintermorgen. Ein Herz zu verzeihen und zu begreifen, warum ich mich so verhielt, hat sie für mich nie gehabt! Für die anderen manchmal schon. Und jetzt, wie seltsam, ist sie es, die mir Leid tut. Sie ist weder gut noch großzügig, ich kenne ihre wahre Natur gut. Ich bin ihre kleine Schwester. Wenn sie gut wäre, wäre sie es zu allen, nicht nur zu denen, die sie mit Sorgfalt auswählt. Antonellas Wahl fiel immer auf das „Wenige" anstatt auf das „Viele", aber nicht aus Demut, sondern vor allem um weniger zu leiden, so, als ob sie das Rezept für das sorglose Leben kennen würde; alles häppchenweise, die Leiden und die Freuden.

Sie gaben Antonella selbst dann die Schuld, als ich mit dreizehn wieder anfing ins Bett zu machen. Ich hatte sie nicht beschuldigt, jenes Mal; sie haben das einfach angenommen, Vater und Mutter. Ich habe sie nicht verteidigt. Auch das muss um der Gerechtigkeit willen gesagt werden! Ich habe sie nicht verteidigt, da sie, bevor ich den Mund aufmachte, ihre spitzen Äuglein auf mich gerichtet hatte, und mir wurde dabei kalt, sie taten mir weh, diese Augen, beinahe so sehr, wie ich es damals mit fünf Jahren im Stall gespürt habe, und dann mit dreizehn im Zimmer der *gemalten Dame*. Heute spricht man von Pädophilie, *amore mio*; zu jener Zeit, auf dem Lande, in der Toskana, hier im Mugello, aber ich denke überall, wusste man nur, dass der Müßiggang der Vater des Lasters ist, und zwischen dem Zirpen der Zikaden und dem der Grillen, rieb sich „*la biscia*[3]" der Männer

[3]*Biscia* heißt Wurm, umgangssprachlich bezeichnet es das männliche Sexualorgan.

non si gridava, perché la voce, il grido, il chiamare le cose col loro nome, avrebbe dato un'eco insostenibile peggio del male subìto.

E poi era colpa *sempre* dei bambini o tutt'al più delle madri che non li custodivano bene; donne e bambini contavano così poco rispetto a un uomo che lavorava nei campi, che tutti pensavano che eravamo noi a non dover essere lì, a dar noia; noi a non „provocare", con le nostre gambette nude e smilze come stecchini. Erano le nostre madri che dovevano stare sedute a guardarci giocare con tutto il desinare che avevano da preparare per otto o dieci persone e con due lire, e poi rassettare la casa e riparare o cucire i nostri abitini poveri. Dovevano cercare erba nei campi e frutta negli orti. Mangiavamo carne solo la domenica e non sempre, e solo certi pezzi delle bestie, quelli che i signori o i padroni non mangiavano. Tanto pane si mangiava, tanto davvero! Il nostro toscano è sciocco, ma quello che la nonna mi dava a merenda era una bontà: pane, vino e zucchero. Me ne andavo soddisfatta per le carezze e gli abbracci della nonna che amavo, ma soprattutto per la golosa merenda.

Un giorno, un parente del nonno mi aspettò, mi prese per mano e mi portò in un angolo della stalla. Avevo cinque anni e la bocca di pane, zucchero e vino, e lui la violò, mentre si dimenava e mi dava carezze che non volevo, oltre il cotone povero delle mie mutandine lise. Le sue dita troppo grandi mi fecero male e persi del sangue che lui leccò come una bestia... lui era una bestia! La cosa si ripeteva ogni volta che andavo da nonna.

ganz selbstverständlich an den Kindern, wie ein Wurm, der über den Boden neben den Wasserpfützen kriecht. Es konnte zumindest passieren. Mir ist es passiert. Es war ein natürlicher Schmerz, und man schrie nicht, weil die Stimme, der Schrei, die Dinge bei ihrem Namen zu nennen, ein unerträgliches Echo erzeugt hätten, schlimmer als der erlittene Schmerz.

Und überdies waren immer die Kinder schuld oder bestenfalls die Mütter, die sie nicht gut genug beaufsichtigten; Frauen und Kinder zählten so wenig im Vergleich zu einem Mann, der auf den Feldern arbeitete, dass alle dachten, dass wir es waren, die nicht dort sein und nicht lästig sein, nicht mit unseren nackten Beinchen, dürr wie die Zahnstocher „provozieren" sollten. Es waren unsere Mütter, die dort hocken und uns beim Spielen beaufsichtigen sollten, während sie mit den zwei Lire das Abendessen für acht, zehn Personen zubereiten, das Haus in Ordnung halten, und unsere ärmlichen Kleidchen nähen sollten. Sie mussten die Kräuter auf den Wiesen sammeln und das Obst in den Gärten pflücken. Fleisch aß man nur am Sonntag, nicht immer, und nur bestimmte Stücke, die, die die Herrschaften und die Gutsherren nicht aßen. Viel Brot aß man, wahrlich viel! Unser toskanisches Brot ist ungesalzen, aber das, das mir die Großmutter zur Jause gab, war ein Leckerbissen: Brot, Wein und Zucker. Zufrieden wegen der Umarmungen und Liebkosungen der Oma, die ich liebte, aber vor allem wegen der leckeren Brotzeit zog ich davon.

Eines Tages wartete ein Verwandter des Großvaters auf mich, nahm mich bei der Hand und brachte mich in eine Ecke des Stalls. Ich war fünf Jahre alt und hatte einen Mund von Brot, Zucker und Wein, und er vergewaltigte ihn, während er sich wand und mich, obwohl ich nicht mochte, durch die ärmliche Baumwolle meines durchgescheuerten Höschens streichelte. Seine zu dicken Finger taten mir weh und ich verlor Blut, das er wie ein Tier ableckte … er war ein

In casa mantenni il segreto e dissi solamente che dalla nonna non volevo più andare, ma la mamma insisteva. Per non rompere il mutismo in cui ero calata e perché non si insospettissero di nulla, anziché andare tutti i giorni, fino ai dieci anni, riuscì ad andare una sola volta a settimana, cambiando orario e giorno, così da non incontrare quel parente del nonno che, per fortuna non sempre c'era. Non sempre, appunto. Quando c'era...

In quegli anni facevo di notte pipì a letto tutte le volte che le sue dita si erano insinuate nel mio sesso e la sua *biscia puzzelente* aveva strisciato sulle mie gambuzze[4] secche e ferite dai giochi innocenti di corse serene e di cadute fra i campi o le strade di sassi e polvere della nostra campagna.

Io in quei momenti mi concentravo su pensieri lontani. Bastava, una fessura fra un' asse e l'altra della parete della stalla in cui indugiava un raggio di sole, perché io seguissi quel filo di chiarore, pulito e bello, per annusare il profumo dell'erba nuova. Eccomi fuori... e la notte del cuore si faceva piena di lumi vaghi e il ciglio della collina narrava mille inizi di favole: „*C'era una volta...*", consolanti e col finale sereno „*...e vissero tutti felici e contenti*". Anch'io ero immersa in una favola, di quelle però che fanno paura. Ma la fine sarà la stessa, mi dicevo. Un finale felice e bello.

Volevo credere che quel mio tribolare alla fine facesse davvero tutti „*felici e contenti*": la nonna, la mamma, mia sorella, a cui toccavano solo dei sani ceffoni[5] da babbo e mamma, quel parente infame del nonno, e persino io, che, in fon-

---

[4]Termine vernacolare toscano di scherno per definire gambe eccessivamente magre.
[5]Schiaffo dato con forza sul viso di qualcuno.

Tier! Der Vorfall wiederholte sich jedes Mal, wenn ich zu Oma ging.

Zu Hause schwieg ich und sagte nur, dass ich nicht mehr zur Oma wollte, aber die Mutter bestand darauf. Um mein Schweigen nicht zu brechen, in das ich mich gehüllt hatte, und um sie nicht argwöhnisch zu machen, gelang es mir, bis ich ungefähr zehn war, nicht jeden Tag, sondern nur einmal in der Woche hinzugehen, indem ich Wochentag und Uhrzeit abwechselte, um diesem Verwandten des Großvaters nicht zu begegnen, der zum Glück nicht immer da war. Eben, nicht immer, aber wenn er da war ...

In jenen Jahren machte ich jedes Mal ins Bett, wenn sich seine Finger in mein Geschlecht gebohrt hatten, und seine stinkende *biscia* über meine dürren und vom unschuldigen Spielen und Stolpern auf unseren Äckern und den steinigen und staubigen Wegen aufgeschürften Beinchen, gekrochen war.

In jenen Augenblicken konzentrierte ich mich auf weit entfernte Gedanken. Mir genügte ein Spalt zwischen dem einem und dem anderen Brett des Stalls, auf dem sich ein Sonnenstrahl aufhielt, um diesem schimmernden, sauberen und schönen Faden zu folgen, um den Duft von frischem Gras zu riechen. Schon war ich draußen ... und die Nacht des Herzens füllte sich mit anmutigen Lichtern, und der Hügelkamm erzählte tausend Anfänge von Märchen: „Es war einmal ...", beruhigend und mit einem heiteren Finale „... und sie lebten alle glücklich und zufrieden". Auch ich war mitten in einem Märchen, aber in einem von jenen, die Angst machen. Aber das Ende würde dasselbe sein, sagte ich mir. Ein glückliches und schönes Ende.

Ich wollte glauben, dass meine ganze Qual am Ende wirklich alle „glücklich und zufrieden" machte: die Großmutter, die Mutter, meine Schwester, für die nur die saftigen Ohrfeigen Mamas und Papas blieben, jener niederträchtige Verwandte des Großvaters, und sogar ich, die im Grunde ge-

do, avevo solo obbedito a tutti ed „ero stata proprio una brava bambina". Non per Antonella, ovviamente, che non avevo mai difeso quando l'accusavano di impaurirmi troppo narrandomi storie terribili. Povera Antonella, lo avevo raccontato io alla mamma per giustificare la pipì a letto...

Amore mio, non credere, ci furono giorni lieti pure nella povertà fitta di quel tempo. C'è differenza tra povertà e miseria. Devo ad Antonella, a pensarci bene, il nettare per la fantasia e la creatività che mi fecero crescere quasi serena, nonostante tutto.

Eravamo ricche di sogni da difendere, di arabeschi nudi nel cielo in cui io, da bambina, già vidi il tuo volto bellissimo, Matteo; vidi proprio te, e i tuoi occhi grandi e azzurri. Ti vidi uomo, non bimbo, sicché quando ti misero sul mio petto, appena nato, non ti riconobbi subito. Ti ho riconosciuto nel crescere, quando sei divenuto l'uomo che io avevo tessuto per il mondo. Chi sogna, chi ha pensieri alti, pure coi piedi scalzi, è povero, ma non in miseria. Ha dei sogni che lo mantengono innocente e ricco.

Io in miseria non sono mai stata. Devo ad Antonella e alla sua passione narrativa di aver trasformato gli agguati dei mostri in specchi di vetro colorato, in cui facevo riflettere i voli delle rondini. Fingevo di sentirmi addosso solo bruciori sulla pelle, come ferite di sole, e non profonde lacerazioni d'anima.

Così feci pure quando, a tredici anni, l'incubo tornò col padrone del casamento in cui ci trasferimmo alla fine della mezzadria.

Eravamo otto famiglie in quel palazzo. Noi ragazzini eravamo sempre felici di giocare e parlare spensieratamente dopo esserci occupati della scuola o dei piccoli incarichi fa-

nommen nur allen gehorcht hatte, und die wirklich ein „braves Mädchen gewesen ist“. Klarerweise nicht für Antonella, die ich nie verteidigte, wenn man sie bezichtigt hatte, sie würde mich zu sehr ängstigen, indem sie mir schreckliche Geschichten erzähle. Arme Antonella, ich hatte das der Mutter erzählt, um mein Bettnässen zu rechtfertigen ...

Amore mio, glaube mir, es gab in der bitteren Armut jener Zeit auch heitere Tage. Es besteht ein Unterschied zwischen Armut und Elend. Genau genommen, verdanke ich Antonella den Nektar der Fantasie und der Kreativität, die mich trotz allem beinahe heiter heranwachsen ließen.

Wir waren reich an Träumen, die verteidigt werden mussten, an nackten Arabesken am Himmel, in dem ich schon als Mädchen dein wunderschönes Gesicht sah, Matteo; ich sah genau Dich und Deine großen blauen Augen. Ich sah Dich als Mann, nicht als Kind, so dass ich Dich, als sie Dich, gerade geboren, mir auf die Brust legten, nicht gleich erkannte. Ich habe Dich im Heranwachsen erkannt, als Du zu dem Mann wurdest, den ich für die Welt gewoben habe. Wer träumt, wer edle Gedanken hat, auch mit nackten Füßen, ist arm, aber nicht elend. Der hat die Träume, die ihn unschuldig und reich erhalten.

Im Elend bin ich nie gewesen. Ich verdanke es Antonella und ihrer erzählerischen Leidenschaft, dass sie die Hinterhalte der Ungeheuer in Spiegel aus farbigem Glas verwandelt hat, in denen ich den Flug der Schwalben spiegeln ließ. Ich täuschte vor, nur Verbrennungen der Haut, wie Sonnenbrand, zu spüren, und nicht tiefe Risse in der Seele.

Dasselbe tat ich, als mit dreizehn Jahren der Alptraum mit dem Besitzer des Wohnhauses wiederkehrte, in das wir nach dem Auslaufen des Pachtvertrags übersiedelten.

Wir waren acht Familien in jenem Haus. Wir Kinder waren immer froh spielen und unbesorgt plaudern zu können, nachdem wir uns um die Hausaufgaben und die kleinen fa-

miliari. Il padrone di casa chiedeva ogni tanto di fargli un po' di spesa dato che era solo e anziano. Chiamava ora Mariuccia, ora Lucia... eravamo in venticinque ragazzi fra maschi e femmine, dai quattro ai sedici anni, in quel palazzo. Negli anni fummo chiamati tutti, con cortesia luciferina e il garbo sinuoso di un rettile.

A quel tempo avevo tredici anni ed ero più scaltra dei miei dieci anni. Soprattutto avevo imparato a tacere e a non capitare mai sola con un uomo adulto, fosse anche un parente. Questi princìpi non li avevo detti a nessuno, ma agivo tenendoli in stretta considerazione. Sicché, quando il padrone di casa mi chiamò insieme a Francesca, non mi preoccupai affatto: non ero sola e Francesca aveva pure un anno più di me, e i seni saldi e sodi che non tremavano nemmeno quando correva. Sicché era una donna ai miei occhi, saggia e prudente; non saremmo incorse in nessun pericolo. Il padrone di casa, inoltre, non andava comunque scontentato, perché, secondo noi, avrebbero potuto esserci delle conseguenze per i nostri genitori, che di affitto pagavano poco; e noi lì vivevamo bene, nonostante le crepe ai muri, le chiazze d'umido e i gradini sbeccati qui e là che, a volte, ci si inciampava.

Fatte le commissioni richieste suonammo il campanello per consegnare i pacchetti al padrone di casa. Gentilmente ci aprì, ci lasciò le monetine del resto perché ci comprassimo delle caramelle; quanto ci piacevano quelle all'anice, trasparenti e fresche! Poi ci invitò ad entrare. Entrambe rifiutammo, ma lui ci propose di mostrarci la „*Dama dipinta*", un antico arazzo, grande come un'intera parete, che si intravvedeva dalla strada quando le finestre erano aperte all'aria fresca. Il paesaggio di sfondo era fiabesco e c'erano fili d'oro qua e là. Francesca chiese se era vero che ci fossero fili d'oro zecchino in quell'arazzo. Fu lì che l'orco prese lo spunto per

miliären Obliegenheiten gekümmert hatten. Der Hausherr bat uns, ab und zu kleinere Einkäufe für ihn zu tätigen, da er alt und alleine war. Einmal rief er Mariuccia, einmal Lucia ... zwischen Buben und Mädchen waren wir fünfundzwanzig Kinder, von vier bis sechzehn Jahren in jenem Haus. Im Laufe der Jahre wurden wir alle mit der satanischen Höflichkeit und der Freundlichkeit eines Reptils von ihm gerufen.

Zu jener Zeit war ich dreizehn Jahre alt, und ich war gerissener als mein Alter. Vor allem hatte ich zu schweigen gelernt, und einem erwachsenen Mann, selbst wenn es ein Verwandter war, nie alleine zu begegnen. Diese Grundsätze hatte ich niemandem mitgeteilt, aber ich handelte streng danach. Deshalb war ich überhaupt nicht besorgt, als mich der Hausherr gemeinsam mit Francesca rief: ich war nicht alleine, und Francesca war zudem ein Jahr älter als ich, und ihre gesunden und festen Brüste zitterten nicht einmal, wenn sie rannte. Also war sie in meinen Augen eine Frau, weise und vorsichtig; wir wären keiner Gefahr gelaufen. Der Hausherr durfte keinesfalls enttäuscht werden, denn unserer Meinung nach hätte das Folgen für unsere Eltern haben können, die wenig Miete zahlten; und wir lebten gut dort, trotz der Sprünge in den Wänden, der Feuchtigkeitsflecken und der da und dort ausgetretenen Stufen, über die man manchmal stolperte.

Nachdem wir die Besorgungen gemacht hatten, läuteten wir an der Haustür, um die Päckchen dem Hausherrn zu übergeben. Freundlich öffnete er uns, ließ uns das Kleingeld vom Rest, damit wir uns Süßigkeiten kaufen könnten; wie sehr uns die mit Anisgeschmack schmeckten, durchsichtig und frisch! Dann hieß er uns eintreten. Wir lehnten beide ab, aber er schlug uns vor, das „Damenbildnis" anzusehen, einen antiken Gobelin, so groß wie eine ganze Wand, den man von der Straße aus sah, wenn die Fenster zum Lüften geöffnet waren. Der Hintergrund war märchenhaft, und da und dort waren goldene Fäden eingewoben. Francesca frag-

insistere a farci entrare e vedere coi nostri occhi la grandama dell'arazzo antico.

Quando uscimmo, forse un'ora più tardi, forse due, andammo a vomitare alla gola del fiume aspettando che l'acqua ghiaccia ci pulisse i pensieri e il corpo. Rimanemmo lì a piangere in silenzio, pensando alle nostre famiglie e al timore sia di essere scoperte che di restare senza casa, se solo avessero immaginato e protestato. Fra i cespi di un gelsomino e di un fico antico e ritorto dagli anni, trovammo una distesa di ciclamini appena sbocciati. Li raccogliemmo e ne facemmo due mazzetti che portammo a casa insieme a dieci caramelle all'anice. Caramelle dolci, fresche e trasparenti, come noi non lo eravamo più. Nessuna di noi due, pur senza averlo concordato, mangiò quelle caramelle. Mia madre mi chiese dove ero stata e perché avessi fatto così tardi: „A raccogliere questi fiori per te, mamma, giù al fiume, sul balzo!"

„O brava, angelo mio; allora ho fatto proprio bene a mettere Antonella in punizione, dopo una bella sberla sul viso: diceva che ti eri nascosta per non aiutarmi e che tocca sempre a lei perché *tu sei furba come una faina!* Io non so perché ce l'abbia sempre con te. Non morirò nemmeno in pace a sapervi così... *sorelle*, ma per niente *buone sorelle*."

Mise i ciclamini in un piccolo vaso, forse un barattolino vuoto di conserva di pomodoro. A me parve si mettessero i fiori all'innocenza morta di un corpo vivo.

Non avrei mai pensato che si potesse soffrire così tanto. Quella notte, a tredici anni, orinai nel letto, come una volta.

te, ob es wahr wäre, dass in diesem Wandteppich Fäden aus echtem Gold wären. An diesem Punkt setzte das Ungeheuer an und bestand darauf, dass wir eintreten und mit unseren eigenen Augen die große Dame des antiken Wandteppichs ansehen sollten.

Als wir herauskamen, vielleicht eine Stunde oder zwei später, gingen wir zum Fluss, um uns zu übergeben, und warteten, dass uns das eisige Wasser die Gedanken und den Körper reinigte. Wir blieben dort und weinten stillschweigend, und dachten an unsere Familien und an die Angst, sei es entdeckt zu werden, sei es ohne Wohnung zu bleiben, wenn sie bloß etwas geahnt und protestiert hätten. Zwischen den Strünken eines Jasminstrauches und eines alten, von den Jahren verkrüppelten Feigenbaumes, fanden wir eine Fläche voller gerade erblühter Zyklamen. Wir pflückten sie und machten zwei Sträußchen, die wir mit den zehn Anisbonbons nach Hause brachten. Süße Bonbons, frisch und durchsichtig, wie wir es nicht mehr waren. Obwohl wir uns nicht abgesprochen hatten, aß keine von uns beiden jene Bonbons. Meine Mutter fragte mich, wo ich gewesen sei und warum ich so spät nach Hause komme: „Um diese Blumen für dich zu pflücken, Mama, unten am Fluss, bei der Klamm."

„Oh, brav, mein Engel; also habe ich gut daran getan, Antonella mit einer richtigen Ohrfeige zu bestrafen: sie hat gesagt, du hättest dich versteckt, um mir nicht helfen zu müssen, und dass es immer sie trifft, weil du schlau wie ein Marder bist. Ich weiß nicht, warum sie immer auf dir herumhackt. Ich kann nicht einmal in Ruhe sterben, wenn ich euch so sehe ... Schwestern ja, aber keine guten Schwestern."

Sie stellte die Zyklamen in eine kleine Vase, vielleicht eine leere Konservendose. Mir kam es vor, als würde man die tote Unschuld eines lebenden Körpers hinstellen.

Ich hätte nie gedacht, dass man so sehr leiden könnte. In jener Nacht, mit dreizehn, machte ich ins Bett, wie früher.

Mia madre lavò l'indomani il materasso, lo mise al sole appoggiato al muro del terrazzino e dette un'altra sberla ad Antonella: „Tu hai sicuramente narrato a tua sorella un'altra delle tue storie tremende. Io non lo so da chi hai preso; me la devi sempre impaurire quella bambina!"

Non ebbi il coraggio di guardare Antonella negli occhi. Forse non avevo ancora nemmeno recuperato la vista, gli occhi e la capacità di vedere, persi tutti insieme nella stanza della *„Dama dipinta"*. E Francesca, invece, *vedrà* ancora?

Uscii evitando quel giorno e per sempre, Francesca, il padrone di casa, le caramelle di anice, i ciclamini, e diffidando delle „dame" dipinte o meno. Da allora sento il palpito degli eventi. So prima cosa mi accadrà. Questo accade a chi è morto una, due volte... senza morire. Questo accade, amore mio. Credimi, può accadere.

Sei anni dopo questi eventi andai incontro a tuo padre con il fremito di una tenda lasciata libera al vento, appesa in cima soltanto ad una finestra sul mare. Aveva occhi di cielo come i tuoi e mi faceva scordare di essere poveri e si rideva, si rideva tanto e sempre. Lui mi ha portato il bottino prezioso e abbondante delle guerre che avevo combattuto senza sapere. Tuo padre è stato il riscatto al mio dolore profondo, alla piaga nascosta della mia anima. Tu sei nato da questo amore sincero, pulito, totale, ridente, giovane. Sei il mio atto di riconciliazione con la vita, la dimenticanza del male, la pacificazione consapevole con l'esistenza. Subito sei stato, insieme a tuo padre, la mia àncora sull'esistere. Intanto Antonella si sposò e, già da un po', non la picchiavano più né il babbo, né la mamma.

Meine Mutter wusch am nächsten Tag die Matratze, stellte sie an der Wand der Terrasse an die Sonne, und gab Antonella noch eine Ohrfeige: „Du hast sicher deiner Schwester wieder eine deiner schrecklichen Geschichten erzählt. Ich weiß nicht, von wem du das hast; musst du mir immer dieses Mädchen verängstigen!"

Ich hatte nicht den Mut Antonella in die Augen zu schauen. Vielleicht habe ich noch nicht einmal das Augenlicht wieder gewonnen, die Augen und die Fähigkeit zu sehen, habe alles zusammen im Zimmer mit dem Damenbildnis verloren. Und Francesca, hingegen, kann sie noch sehen?

Ich ging aus dem Haus, an diesem Tag und auch später immer darauf achtend nicht Francesca zu begegnen, dem Hausherrn, den Anisbonbons, den Zyklamen, immer den „Damen", gemalt oder nicht, misstrauend. Seitdem spüre ich den Herzschlag der Ereignisse. Ich weiß vorher, was mir passieren wird. Das passiert dem, der tot ist, einmal, zweimal ... ohne zu sterben. Das passiert, *amore mio*. Glaub mir, es kann passieren.

Sechs Jahre nach diesen Ereignissen begegnete ich Deinem Vater mit dem Flattern einer dem Wind überlassenen Gardine, die nur ganz oben an einem Fenster zum Meer hin festgemacht ist. Er hatte Himmelsaugen, wie die Deinen, und ließ mich vergessen, arm zu sein, und man lachte, man lachte viel und immer. Er hat mir die kostbare und reichhaltige Beute der Kämpfe gebracht, die ich, ohne es zu wissen, geführt hatte. Dein Vater ist das Lösegeld für meinen tiefen Schmerz gewesen, der versteckten Wunde meiner Seele. Du bist aus dieser ehrlichen, sauberen, totalen, lächelnden, jungen Liebe entstanden. Du bist der erste Akt der Aussöhnung mit dem Leben, das Vergessen des Übels, die bewusste Befriedung mit der Existenz. Du warst, gemeinsam mit Deinem Vater gleich mein Anker im Leben. Währenddessen heiratete Antonella und Vater und Mutter schlugen sie schon seit einer Weile nicht mehr.

Ma per prudenza prese un marito che certamente non gliele avrebbe mai date, tutt'al più le avrebbe più volentieri prese. Antonella ha sempre scelto il „pochino" rispetto al „tanto", ma non per modestia, ma supponendo, in caso, un possibile patire proporzionato, ricordi cosa ti dicevo prima?

Mentre loro erano a fare un modesto viaggio di nozze a due ore da casa, io e Vasco andammo a ritirare tremanti le analisi per sapere se *il mio ritardo* aveva già bisogno di un nome. Ebbene sì: il mio ritardo si sarebbe chiamato Matteo. Non pensai più di tanto ai problemi, un filo sempre pronto ad intrecciarsi. Pensai a godermi l'alito fresco che prendeva corpo dentro di me; un bambino, un battito di cuore in quella chiara mattina, dentro al mio cuore per altri sette mesi. Poi un uomo per il mondo, il mio uomo comunque per sempre, perché nato dal mio amore e da quello di tuo padre. Ti ho pensato sempre maschio, e sempre Matteo, e già quel giorno ti ho presentato a tua nonna paterna...

„Beh, si poteva aspettare ancora un po'; ma non è una malattia, via via... si sistema tutto! È una bella notizia", disse tua nonna, „si toglie il tinello e vi preparo la camera. Il lavoro ce lo avete e ci si arrangia. Vasco, vai tu da tua suocera a dirle il fatto. Rosa viene dopo. Non vorrei le mettessero le mani addosso..."

„No, non m' hanno mai picchiata", dissi io, „le botte le danno ad Antonella semmai, ma è in viaggio di nozze, sicché non ci son problemi!"

E fu lì che si rise come matti, perché tutto il paese lo sapeva di tua zia Antonella che le prendeva sempre al posto

Aber vorsichtshalber nahm sie sich einen Mann, der sicher nie eine ausgeteilt, sondern eher und lieber eine gefangen hätte. Antonella hat immer das „Bisschen" dem „Vielen" vorgezogen, aber nicht aus Bescheidenheit, sondern um gegebenenfalls auf sie zukommende Leiden im gleichen Verhältnis erwarten zu können – Du erinnerst Dich, was ich Dir vorhin gesagt habe?

Während sie auf einer bescheidenen Hochzeitsreise waren, zwei Stunden von zu Hause entfernt, gingen Vasco und ich zitternd die Analyse abholen, um zu erfahren, ob meine Verspätung bereits einen Namen brauchte. Und siehe da, meine Verspätung würde Matteo heißen. Ich dachte nicht mehr so sehr an meine Probleme, diese Spur, die immer bereit war sich einzumischen. Ich dachte den frischen Atem zu genießen, der in mir Gestalt annahm; ein Kind, ein Herzschlag an jenem klaren Morgen, für weitere sieben Monate unter meinem Herzen. Dann einen Mann für die Welt, jedenfalls mein Mann für immer, weil Du aus meiner Liebe und aus der Deines Vaters geboren bist. Ich hab Dich immer als Mann gedacht, und immer als Matteo, und bereits an jenem Tag habe ich Dich Deiner Großmutter väterlicherseits vorgestellt.

„Na ja, man hätte noch ein bisschen warten können; aber es ist keine Krankheit, komm, komm ... es wird sich alles richten! Es ist eine schöne Nachricht", sagte Deine Großmutter; „wir eliminieren das Esszimmer, und ich richte euch das Zimmer her. Arbeit habt ihr, und der Rest wird sich finden. Vasco, geh du zu deiner Schwiegermutter und erzähl ihr von der Geschichte. Rosa kommt nach. Ich möchte nicht, dass sie ihr etwas antun ..."

„Nein, sie haben mich nie geschlagen", sagte ich, „die Schläge geben sie, wenn schon, Antonella, aber sie ist auf Hochzeitsreise, also gibt es keine Probleme."

Und man lachte wie verrückt, denn das ganze Dorf wusste von Deiner Tante Antonella, dass sie die Prügel immer an

mio, perché si lamentava poi con tutti.

Anche la nonna Clara, prima si accese come un vulcano e ce ne disse di tutti i colori, poi pensò „al bambino" e smise subito, lì per lì, come ad un meccanismo elettrico a cui venisse tolta la corrente all'improvviso. Inutile dirti che ci scappò da ridere un'altra volta. Ecco, amore mio, sei stato accolto non da trombe trionfanti e in nobili castelli, ma da una schiera di brava gente che la prese a ridere, ma a ridere così tanto pensando anche alla faccia di mia sorella maggiore che sarebbe tornata di lì a poco dal viaggio di nozze. Ma incinta ero io, e il primo nipote saresti stato tu. Avrebbe riso anche lei o i suoi occhini piccoli e ghiacci mi avrebbero fulminata ancora una volta?

Antonella tornò e si sedette appena appresa la notizia, perché, secondo lei, neanche ora che era sposata le portavo rispetto come si conviene ad una sorella maggiore. Le rubavo sempre la scena e l'attenzione della famiglia. Inoltre, Antonella disse, un po' risentita ma non senza ragione, che era stato appena celebrato un matrimonio e che farne un altro avrebbe potuto davvero mandare la famiglia in rovina. Arrivarono, però, premurosi aiuti da tutti e si organizzò una festa semplice, gioiosa e senza viaggio di nozze, visto che non avevamo avuto problemi a fare l'amore tra le giunchiglie[6] del paese sotto le stelle del cielo.

Ero al gran finale della mia favola. Ero al *„e vissero tutti felici e contenti"* pensai, distesa sul nostro letto, magnifica nei miei quasi vent'anni la sera del mio matrimonio; ero io una *dama* dai grandi caldi occhi blu nuovamente innocenti; sì, perché l'innocenza non si perde mai davvero o si ricon-

[6]Piante erbacee che crescono spontanee in campagna, con foglie cilindriche e fiori gialli in ombrelle,molto profumati.

meiner Stelle bezog; sie hatte sich ja immer bei allen darüber beklagt.

Auch Oma Clara ging erst wie ein Vulkan in die Luft und beschimpfte uns in allen Tonlagen, dann dachte sie „ans Kind" und hörte sofort auf, wie ein elektrischer Mechanismus, dem plötzlich der Strom abgeschaltet wird. Unnütz Dir zu sagen, dass wir ein weiteres Mal in Lachen ausbrachen. Also, *amore mio*, Du bist nicht von triumphierenden Trompeten und in noblen Schlössern empfangen worden, sondern von einer Schar braver Leute, die es mit Humor nahmen, und sie lachten sehr, als sie ans Gesicht meiner großen Schwester dachten, die in Bälde von der Hochzeitsreise zurückkommen würde. Aber schwanger war ich, und der erste Enkel würdest Du sein. Würde auch sie lachen oder würden ihre kleinen eisigen Äuglein mich noch einmal wie ein Blitz treffen?

Antonella kam zurück und musste sich hinsetzen, sowie sie die Nachricht vernommen hatte, denn laut ihr, zollte man ihr auch jetzt, da sie verheiratet war, nicht den Respekt, der einer älteren Schwester gebührte. Ich stahl ihr immer die Schau und die Aufmerksamkeit der Familie. Zudem sagte Antonella, ein bisschen gereizt, aber nicht ohne Grund, dass gerade eine Hochzeit gefeiert worden war, und noch eine zweite auszurichten, hätte die Familie in den Ruin treiben können. Wir erfuhren aber fürsorgliche Unterstützung von allen, und man organisierte ein einfaches Fest, fröhlich und ohne Hochzeitsreise, dem Umstand entsprechend, dass wir auch keine Probleme gehabt hätten, uns in den Jonquillen[7] rund ums Dorf unter freiem Sternenhimmel zu lieben.

Ich war am großen Ende meines Märchens. Ich war beim „und sie lebten glücklich und zufrieden", dachte ich, ausgestreckt auf meinem Bett, herrlich mit meinen zwanzig Jahren, am Abend meiner Hochzeit; ich war eine Dame mit den großen, warmen, blauen, neuerlich unschuldigen Augen; ja,

---

[7] Narzissenart mit gelben Blüten.

quista se il cuore è rimasto puro e buono.

Cantavo fra i rami di una grande magnolia che sporgevano sul balcone di casa e che profumava fuori alla finestra e che sporgevano sul terrazzino; io intrecciavo petali, profumi e le prime ninne nanne per te.

Amore mio, fu un tempo magnifico quei mesi vissuti insieme. La suocera, a volte era brusca, ma fu sempre premurosa; tuo padre sempre presente e la nonna Clara già ti viziava mentre eri ancora in pancia. Ero davvero la figlia preferita anche se non mi sembrava di aver fatto nulla per esserlo.

Povera Antonella! Rimase incinta solo un anno dopo che tu nascesti e la sua gravidanza non fu coccolata con *miele, latte e mollica di pane bianco*[8], come non raccontò mai del suo viaggio di nozze perché tutto il da fare della famiglia si concentrò per i preparativi per il tuo arrivo.

Un giorno, seduta al balcone e affacciata verso la magnolia fiorita, mi accarezzavo la pancia e accarezzavo con lo sguardo il tronco ruvido dell'albero. Assaggiavo con gli occhi e con le mani la differenza fra me con te dentro e il legno con la sua anima. Ad un tratto un tuo calcetto deformò per un attimo il ventre, mentre con gli occhi incappai in un incavo sul tronco che sembrava „bere la luce"; nell'albero il giorno si faceva arduo e larve d'insetti uscirono molli e umidi come ad un richiamo. Capii che *le cose avevano preso a parlarmi*, amore mio, così mi si rivelò il danno imminente legato alla gravidanza: io ti avrei avuto, e tu saresti stato Matteo, ma io avrei vissuto conseguenze indelebili.

[8]Antica espressione tipica della campagna toscana per dire di un modo di comportamento molto dolce e tenero.

denn die Unschuld verliert man nie wirklich, oder man gewinnt sie wieder, wenn das Herz rein und gut geblieben ist.

Ich sang zwischen den Zweigen einer großen Magnolie, die vom Balkon des Hauses herunterhingen und vor dem Fenster dufteten und von der kleinen Terrasse herunterhingen; ich verflocht Blütenblätter, Gerüche und die ersten Wiegenlieder für Dich.

Amore mio, es war eine wunderbare Zeit, jene gemeinsam verbrachten Monate. Die Schwiegermutter war manchmal barsch, aber sie war immer fürsorglich; Dein Vater war immer da, und die Großmutter verwöhnte Dich schon, als Du noch in meinem Bauch warst. Ich war wirklich die bevorzugte Tochter, auch wenn mir nicht schien, etwas dazu getan zu haben, um es zu werden.

Arme Antonella! Sie wurde erst ein Jahr, nachdem Du geboren wurdest schwanger, und ihre Schwangerschaft wurde nicht mit Honig, Milch und weißem Brot[9] gefeiert, so wie sie auch nie von ihrer Hochzeitsreise erzählen konnte, weil sich die ganze Familie auf die Vorbereitungen für Dein Kommen konzentrierte.

Eines Tages, als ich auf dem Balkon saß und mich zur blühenden Magnolie beugte, streichelte ich den Bauch und liebkoste mit dem Blick den rauen Stamm des Baumes. Ich kostete mit den Augen und den Händen den Unterschied zwischen mir mit Dir in mir und dem Holz mit seiner Seele. Plötzlich verformte ein kleiner Fußtritt von Dir meinen Bauch, während ich mit den Augen auf eine Aushöhlung im Stamm stieß, die „das Licht zu trinken“ schien; im Baum wurde der Tag beschwerlich, und Insektenlarven kamen wie auf einen Wink weich und feucht heraus. Ich begriff, dass die Dinge angefangen hatten, zu mir zu sprechen, *amore mio*; es enthüllte sich mir so der unmittelbare Schaden, der mit meiner Schwangerschaft zusammenhing: ich würde

[9]Typische Redewendung der ländlichen Toscana, um ein sanftes mildes Verhalten zu bezeichnen.

Il prezzo di questa gioia era alto quanto grande la gioia stessa.

Ne provai a parlare in entrambe le famiglie. Nessuno mi dava ascolto davvero, almeno apparentemente, perché tanto non avrebbero potuto farci nulla. Sicché attribuivano le mie angosce ai normali timori che assalgono le donne in prossimità del parto.

Tutti stavano accanto a me in quei giorni. Ognuno con un'incombenza diversa. Erano composti e silenziosi. Temevano davvero le mie premonizioni.

Nel silenzio più totale, anche nel mio, perché anestetizzata per il cesareo subito per le difficoltà del parto, sei nato tu. Subito dopo un'emorragia incontenibile costrinse il medico ad eseguire una complessa isterctomia, facendomi rischiare la vita, ma a cui cercò di non pensare avendo fra le mani una madre bambina di soli vent'anni.

Tu urlasti che c'eri. E fu un trionfo. Il cielo si piegò su di te come sul germoglio più bello che avesse mai visto, unico per me, unico per sempre, germoglio mio! Mai avrei più generato.

Non capii, anche se mi spiegarono, sino in fondo le conseguenze di quanto mi fosse accaduto: tu c'eri, io pure. Tutto il resto si sarebbe risolto. In certo qual modo andò così. Non ero forse al punto in si dice: „*E vissero felici e contenti*"?

Con te accanto fui sempre serena, in appagamento totale.

Fosti una benedizione, amore mio. Il lavoro c'era per me e tuo padre. Ho avuto tanti segni di stima e riconoscimenti e tanta invidia. La stessa invidia che viene equamente distri-

Dich bekommen, und wirst Matteo gewesen sein, ich aber hätte unauslöschliche Folgen davon getragen.

Der Preis dieses Glücks war so hoch, so groß das Glück selbst war.

Ich versuchte mit beiden Familien darüber zu sprechen. Niemand hörte mir wirklich zu, zumindest scheinbar, denn sie hätten eh nichts machen können. Also schrieben sie meine Ängste den normalen Befürchtungen zu, die die Frauen nahe der Geburt befielen.

Alle waren in jenen Tagen bei mir. Jeder mit einer verschiedenen Obliegenheit. Sie waren würdevoll und schweigsam. Sie fürchteten tatsächlich meine Vorwarnungen.

In völliger Stille, auch meinerseits, weil narkotisiert wegen des notwendigen Kaiserschnitts aufgrund der Unmöglichkeit einer normalen Geburt, bist Du zur Welt gekommen. Gleich darauf zwang eine unaufhaltsame Blutung den Arzt zu einer schwierigen Hysterektomie, mein Leben aufs Spiel setzend, woran er aber nicht zu denken versuchte, da er das Leben einer Kindmutter von gerade einmal zwanzig Jahren in den Händen hielt.

Du hast geschrien, dass Du da warst. Und es war ein Triumph. Der Himmel beugte sich über Dich, wie über den schönsten Spross, den er je gesehen hatte, einzig für mich, einzig für immer, mein Spross! Nie mehr würde ich Leben erzeugen.

Ich begriff die Folgen dessen, was mit mir geschehen war nicht wirklich, auch wenn man es mir erklärte; Du warst da, ich auch. Alles übrige würde sich ergeben. In gewisser Weise war es auch so. War ich etwa nicht an dem Punkt, an dem man sagt: „Und sie lebten glücklich und zufrieden"?

Mit Dir bei mir, war ich immer heiter, völlig erfüllt.

Du warst ein Segen, *amore mio*. Es gab Arbeit für mich und für Deinen Vater. Ich habe viele Zeichen der Wertschätzung und Anerkennung erhalten, und viel Neid. Denselben

buita a chi ha poco e a chi ha tanto. Questo conferma sempre, innanzitutto, l'esistenza della nostra vita, poi il possedere davvero dei talenti che altri non hanno. È il *migliore* dei vizi capitali, stanne certo amor mio, e sono così serena nell'esserne vittima e non carnefice, che vorrei fare un dono ad ognuno che nella mia vita ha provato invidia per me. Forse la prima fra queste è proprio la povera zia Antonella, chissà...

Matteo, so che crescendo sei andato via senza lasciarmi mai.

Vasco era corallo nero: prezioso, raro e avvinghiato alla sua donna di cui seguiva le maree. Ondeggiava con me delicato e danzante. A tratti sapeva essere un vento poderoso che inseminava la mia femminilità tutte le volte che volevo, con tutta la gentilezza di cui era capace e di più. Spero tu sappia fare felici le donne che ami come tuo padre ha fatto felice me, che mi ritengo fortunata e ancora incredula per averlo avuto come mio unico uomo. Quando poi prese a tradirmi non me ne stupii; lo trovai quasi giusto e scontato per diverse ragioni. Perché un uomo così capace di amare non passa inosservato alle altre donne, e perché io, dopo quanto mi accadde dal giorno del parto, non ero più la stessa dei vent'anni. Lo amavo di cuore, ma meno di pelle e sangue; la passione si era cristallizzata, si era fatta perla grigia nel cuore di una conchiglia. Vasco mi amò sempre con tenacia e pazienza. Io solo a volte, tra le intermittenze delle mie malattie che si susseguirono negli anni.

Matteo, hai la capacità d'amare che ha tuo padre: restate con me, sempre e comunque. Forse sono io che vi ho dato tutta la libertà possibile. Si fa così quando si ama intensa-

Neid, der gerecht verteilt ist auf den, der wenig und den, der viel hat. Das bestätigt vor allem schon allein die Existenz unseres Lebens und dann der wahrhafte Besitz von Talenten, die andere nicht haben. Der Neid ist die beste der Todsünden, sei dessen gewiss, *amore mio*, und ich bin so froh sein Opfer und nicht sein Scherge zu sein, dass ich jedem, der in meinem Leben Neid auf mich empfunden hat, ein Geschenk machen möchte. Die erste unter diesen wäre vielleicht die arme Tante Antonella, wer weiß ...

Matteo, ich weiß, dass Du heranwachsend von mir weggegangen bist, ohne mich je zu verlassen.

Vasco war schwarze Koralle, wertvoll, selten und an seine Frau geklammert, deren Gezeiten er folgte. Er wiegte sich sanft und tänzelnd in den Wellen mit mir. Stückweise konnte er ein kräftiger Wind sein, der meine Weiblichkeit besamte, wann immer ich wollte, mit der ganzen Liebenswürdigkeit zu der er fähig war und mehr. Ich hoffe, Du kannst die Frauen die Du liebst, glücklich machen, so wie Dein Vater mich glücklich gemacht hat, und ich schätze mich glücklich und finde es immer noch unglaublich, ihn als meinen einzigen Mann gehabt zu haben. Als er mich dann zu betrügen begann, verwunderte mich das nicht; ich fand es beinahe gerecht und aus verschiedenen Gründen voraussehbar. Denn ein Mann, der so zu lieben fähig ist, bleibt von den anderen Frauen nicht unbemerkt und auch weil ich, nach dem was mir seit dem Tag der Niederkunft geschah, nicht mehr dieselbe Zwanzigjährige war. Ich liebte ihn von Herzen, aber weniger als Haut und Blut; die Leidenschaft hatte sich kristallisiert, war zur grauen Perle im Herzen der Muschel geworden. Vasco liebte mich immer mit Ausdauer und Geduld. Ich nur manchmal, zwischen den Unstetigkeiten meiner Krankheiten, die im Laufe der Jahre aufeinander folgten.

Matteo, Du hast die Fähigkeit zu lieben, die Dein Vater hat: bleibt bei mir, immer und in jedem Fall. Vielleicht bin ich es,

mente. Ho provato ad essere per voi un ristoro: come trovare ombra nella calura fra verdi rovine da cui nasce la tamerice. Ecco, forse per questo non mi lasciate mai davvero; vi porto solo evanescenti rimproveri, accanto alle mie afflizioni di mali di un corpo infragilito dal tempo e dal caso.

Sappi custodire la trama d'amore e di sorriso con cui ho tessuto la tua pelle e gli occhi belli, rubandoli al cielo in estate. Non curarti amore mio di cosa ti diranno. Tu sei nato per amare e per essere amato. Non rimproverarti di nulla: non potevi vigilare su di me prima, né poteva farlo tuo padre; l'incontro segna la storia dell'involucro bianco del corpo. Il mio non fa eccezione. C'è chi dice che il cancro siano le lacrime non piante. Forse è così. Tuo padre mi portò anche dal frate „muratore di Dio", l'eremita delle Gole dell'Infernaccio-che quasi da solo ha ricostruito una chiesa consacrata a San Leonardo, protettore dei malati di tiroide. Insieme cercammo la grande pietra con l'orma del santo. Poi cercammo le piccole lumache da mettere a corona intorno al collo. Ma non c'erano più e forse non c'erano mai state. Un'altra storia *buona* per continuare a vivere e a sperare, anche per me che non sono credente.

Le cose mi parlano, come il cuore degli uomini, amore mio, lo sai. Vorrei dirti che in tanto frastuono e miseria, questa sì, dei tempi, io sono serena. Volo alta pur con ali piccine, ma capaci di vederti comparire fiero di me, di noi che custodimmo gelosi il segreto del male, ora della malattia che mi vuole mangiare. Che male idiota: morrà con me!

die euch jede mögliche Freiheit gegeben hat. Wenn man intensiv liebt, macht man das so. Ich habe versucht euch eine Stärkung zu sein: wie das Finden eines Schattens in der Hitze zwischen grünem Zerfall, aus dem die Tamariske wächst. Ja, vielleicht verlasst ihr mich deshalb nie wirklich; ich erhebe nur verschwommene Vorwürfe gegen euch, neben meinen Schmerzen, den Übeln eines von der Zeit und dem Geschehen gebrechlich gemachten Körpers.

Lerne das Ränkespiel der Liebe und des Lächelns zu bewahren, mit dem ich Deine Haut gewebt habe und die schönen Augen, im Sommer dem Himmel gestohlen. Kümmere Dich nicht um das, was sie Dir sagen werden. Du bist geboren, um zu lieben und um geliebt zu werden. Wirf Dir nichts vor: weder konntest Du früher über mich wachen, noch konnte es Dein Vater; die Begegnung zeichnet die Geschichte der weißen Hülle des Körpers. Meiner macht keine Ausnahme. Es gibt welche, die sagen, dass Krebs die nicht geweinten Tränen wären. Vielleicht ist es so. Dein Vater brachte mich auch zum Mönch, dem „Maurer Gottes", dem Einsiedler der Höllenklamm, der ganz alleine die dem heiligen Leonhard, dem Schutzheiligen der an der Schilddrüse Leidenden geweihte Kirche, aufgebaut hat. Gemeinsam suchten wir den Stein mit dem Fußabdruck des Heiligen. Dann suchten wir die kleinen Schnecken für eine Halskette. Aber es gab keine mehr, und vielleicht hat es sie nie gegeben. Noch eine *gute* Geschichte, um weiterzuleben und zu hoffen, auch für mich, die ich nicht gläubig bin.

Die Dinge sprechen zu mir, wie das Herz der Menschen, *amore mio*, Du weißt es. Ich möchte Dir sagen, dass ich in all dem Getöse und Elend der Zeit froh bin. Ich fliege hoch, trotz der kleinen Flügel, aber fähig, Dich stolz auf mich erscheinen zu sehen, auf uns, die wir eifersüchtig das Geheimnis des Übels hüteten, jetzt das der Krankheit, die mich auffressen will. Welch idiotisches Übel: es wird mit mir sterben!

Sappi che ridemmo di gioia quando ci fu da gioire. Non abbiamo perso le buone pagine della nostra favola.

Oggi voglio ridere del male, di tutti i mali del cuore e del corpo; vincerò serena sul male, ogni male che ancora vuole affliggermi.

Cambia, negli anni, il peso specifico della vita, dell'anima, dell'amore. Questi sono *leggeri* ed io mi sto facendo *leggera, solo più leggera*.

Pronuncia con me ora sommessamente: „per sempre", amore mio, „per sempre", perché io sono fatta di fili d'oro zecchino, anche se forse sono stata dama solo fra le braccia di tuo padre. Certamente sono stata mamma!

Arrivederci, amore mio

la tua mamma, *pescatrice di stelle*

Wisse, dass wir vor Glück lachten, wenn es Grund gab, uns zu freuen. Wir haben die guten Seiten unseres Märchens nicht verloren.

Heute will ich über das Übel lachen, über alle Leiden des Herzens und des Körpers; ich werde unbeschwert über das Übel siegen, über jedes Übel, das mich noch quälen will.

Mit den Jahren verändert sich das spezifische Gewicht des Lebens, der Seele, der Liebe. Diese sind leicht, und ich werde leichter, nur leichter.

Sprich nun mit mir leise: „Für immer", *amore mio*, „für immer", denn ich bin aus echt goldenen Fäden gesponnen, auch wenn ich vielleicht nur in den Armen Deines Vaters eine Dame gewesen bin. Ganz gewiss bin ich Mutter gewesen.

Auf Wiedersehen, *amore mio*

Deine Mutter, Sternenfischerin

I cani di ceramica

Il Matrimonio

C'era il sole quel 9 ottobre 1959. Imma, la sera prima, andando a letto, aveva arrotolato con cura le ciocche bionde dei suoi capelli, dopo averli asciugati intorno a pezzetti di filo elettrico come fossero bigodini. Era l'unico vezzo che consentivano anche le severe Suore Domenicane di Monteprandone, dove era stata in collegio anni prima: arricciare i capelli come le dive della rivista *GRAZIA* che di straforo entrava nel camerate comuni delle educande. Una copia ambita che si passavano di nascosto come fosse il testo di Belfagor[1]. Qualcuna si segnava prima di sfogliarlo.

Le educande uscivano per la Messa della domenica coi loro cappottini blu, il colletto tondo, la martingala, mocassini neri e calzettoni bianchi ancora a 17 anni e con una IV o V di reggiseno.

Ebbene quel giorno Imma si sposava. Quasi non conosceva quel giovane che le amiche le invidiavano perché di Roma, perché con il posto fisso da ragioniere presso una nota ditta nazionale, perché aitante e garbato come gli attori americani, perché l'avrebbe portata via dal paese per una città. Imma condivideva con tutte le sue amiche questo grande

---

[1]Un arcidiavolo protagonista dell'unica novella conosciuta di Niccolò Machiavelli.

Die Keramikhunde

Die Hochzeit

An jenem 9. Oktober 1959 schien die Sonne. Imma hatte am Abend zuvor, bevor sie zu Bett ging, sorgfältig die Strähnen ihrer blonden Haare auf Stückchen von Elektrodraht zum Trocknen eingedreht, gerade so, als wären es Lockenwickler. Es war die einzige Koketterie, die auch die strengen Dominikanerinnen von Monteprandone erlaubten, bei denen sie Jahre zuvor im Internat gewesen war: die Haare eindrehen, wie die Diven in der Modezeitschrift *Grazia*, die durchs Hintertürchen in die Schlafsäle der Zöglinge kam. Ein begehrtes Druckwerk, das sie im Verborgenen weitergaben, als wäre es ein Text Belfagors[2]. Manch eine bekreuzigte sich, bevor sie es durchblätterte.

Die Schülerinnen gingen am Sonntag auch noch mit siebzehn Jahren und Körbchengröße IV oder V in ihren blauen Mäntelchen mit dem runden Kragen, der kurzen Rückenspange, schwarzen Halbschuhen und weißen Strümpfen zur Messe.

Nun gut, an jenem Tag heiratete Imma. Sie kannte jenen jungen Mann kaum, den ihre Freundinnen ihr neideten, weil er aus Rom stammte und wegen seiner festen Anstellung in einem bekannten nationalen Betrieb, und weil er stark und gebildet wie die amerikanischen Schauspieler war, und weil er sie vom Dorf fort in eine Stadt bringen würde. Imma teilte dieses große Privileg, das das Schicksal ihr vorbehalten

---

[2]Ein Erzteufel, Hauptfigur der einzigen Novelle von Nicolò Machiavelli.

privilegio che la sorte le aveva riservato: andare via da quel paese rivierasco[3].

Sì, Emilio era il suo liberatore. Certo Pescara era una città di provincia, ma sempre sul mare e soprattutto una città. Imma era profondamente infelice, nonostante che da un mese arrivassero a casa i regali di nozze. Non mancava nessun parente, nessun amico di famiglia alla consegna dell'omaggio con cui avrebbero arredato casa: il servizio buono per quando avrebbero avuto ospiti della zia Vanda, le posate d'argento degli zii Pietro e Natale, il centro tavola in cristallo di Boemia di zia Stella da tenere in bella vista col centrino inamidato, i due quadri del cavaliere Anselmi – un vecchio armatore per cui aveva lavorato il padre – una marina e una veduta campestre, da appendere sopra ai due mobili della sala, buffé e controbuffé; e due cani di ceramica. Chi aveva donato quei due cani? Sembravano vivi, pronti al riporto di una preda immobile, un sacrificio inutile in una caccia improbabile.

Erano arrivati i fiori, i telegrammi, i biglietti di congratulazioni e auguri di ogni felicità. I confetti erano stati dati con le bomboniere di *silver plated* e tulle: una cornucopia da sistemare, liberata dai fiorellini con l'anima d'acciaio, su una mensola o su un ripiano della vetrina, fra tante altre bomboniere che fanno memoria dei momenti lieti di una storia di famiglia. E questa cornucopia non avrebbe fatto eccezione. Il simbolo classico dell'abbondanza e della prosperità bene si accompagnava ai confetti, simbolo di fertilità. Imma sarebbe stata ben fertile e avrebbe accompagnato la vita di questa famiglia con l'abbondanza. Ma il 9 ottobre non sapeva nemmeno lei quale abbondanza avrebbe accompagnato la sua lunga esistenza.

---

[3]Ci si riferisce a San Benedetto del Tronto

hatte mit all ihren Freundinnen: aus jenem Küstendorf[4] fortgehen.

Ja, Emilio war ihr Befreier. Gewiss, Pescara war eine Provinzstadt, aber doch am Meer und vor allem eine Stadt. Imma war zutiefst unglücklich, obwohl seit einem Monat die Hochzeitsgeschenke eintrafen. Es fehlte kein Verwandter, kein Familienfreund bei der Überreichung der Geschenke, mit denen sie ihre Wohnung einrichten würden: Tante Vandas gutes Tafelgeschirr, wenn sie Besuch bekämen, das Silberbesteck der beiden Onkel Pietro und Natale, der Tischaufsatz aus böhmischem Glas von Tante Stella, schön sichtbar auf dem gestärkten Mitteldeckchen zu platzieren, die beiden Gemälde des Cavaliere Anselmi – ein alter Reeder, für den der Vater gearbeitet hatte – eine maritime und eine ländliche Ansicht, die über den beiden Möbeln – Buffet und Controbuffet – im Salon aufzuhängen wären, und die zwei Keramikhunde. Wer hatte die beiden Hunde geschenkt? Sie schienen lebendig, bereit zum Apport einer reglosen Beute, ein unnützes Opfer bei einer unwahrscheinlichen Jagd.

Die Blumen waren gekommen, die Telegramme, die Karten mit den besten Glückwünschen. Das Konfekt war mit den Bonbonnieren in falschem Silber und Tüll überreicht worden: Ein Füllhorn, von den Blümchen mit dem Metallkern befreit auf einer Konsole oder einer Ablage in der Vitrine neben all den anderen Bonbonnieren aufzustellen, die die Erinnerung an die glücklichen Momente der Familie bilden. Und dieses Füllhorn würde keine Ausnahme machen. Das klassische Symbol des Überflusses und des Wohlstands paarte sich gut mit dem Konfekt, Symbol der Fruchtbarkeit. Imma wäre wohl fruchtbar gewesen und hätte das Leben dieser Familie mit ihrem Überfluss bereichern können. Aber am 9. Oktober wusste nicht einmal sie, welcher Überfluss ihr langes Leben begleiten würde.

---

[4]San Benedetto del Tronto

Sorprese non te ne faccio

»Allora ti piace?«, disse un po' titubante Emilio, »Ho sistemato così come avevi detto. Ora ci sono un po' di rate per qualche tempo, ma la mamma può aiutarci. I tuoi hanno già fatto tanto!«

»Come può aiutarci Tilde?«, rispose Imma, »Ha solo la pensione di tuo padre ormai.«

»Dalla prossima settimana vivrà con noi«, rispose pronto Emilio, »vedi? Nella cameretta della servitù, tanto non ce la possiamo permettere. Sei così giovane, Imma, hai 21 anni appena. In casa, poi, non hai praticamente mai vissuto ed è sempre stata tua madre Ines a curarsi di tutto. Certo sarai una madre bravissima, ma... tu non sai lavare, né cucinare... e come farai se arriveranno dei figli? Che dico, per ora figli no davvero, non abbiamo nemmeno vissuto un vero fidanzamento che ci siamo trovati sposati. Sicché prima ci leviamo qualche soddisfazione, poi col tempo penseremo ai figli... dai, Imma, che dici?«

»Dico che di tua madre in casa nostra dovevi chiedermelo», rispose seccata Imma, »avrei preferito fare io, sbagliare, ma fare da me. Avere sempre tua madre con noi... Appunto, non s'è fatto nemmeno il fidanzamento e ora si principia il matrimonio in tre. In tre s'è fatto mezzo viaggio di nozze, con lo zio Quinto da portare a Senigallia. Ma insomma, sono o no tua moglie. Smettila con la recita del figlio orfano con madre vedova. Tuo padre non ti ha affidato tua madre, è morto, non se n'è andato via. Tua madre è in grado di badare a se stessa; ha pensato a te da sola, mentre tuo padre era prigioniero in Africa degli inglesi... figurati se... E la foto di tuo padre Fabrizio, mettila nel tuo portafogli, così ti ricordi di lui più spesso, e lui ti ricorderà di essere un uomo.«

»Also gefällt es dir?«, sagte Emilio ein wenig unschlüssig. »Ich habe die Dinge so angeordnet, wie du gesagt hast. Nun gibt es eine Zeit lang einige Raten, aber Mama kann uns helfen. Die deinen haben bereits viel getan!«

»Wie soll uns Tilde helfen?«, fragte Imma. »Sie hat mittlerweile nur mehr die Rente deines Vaters.«

»Ab nächster Woche wird sie bei uns wohnen«, antwortete Emilio. »Siehst du? Im Zimmerchen des Dienstpersonals, das wir uns ja eh nicht leisten können. Du bist so jung, Imma, bist gerade einundzwanzig Jahre alt. Zu Hause hast du praktisch nie gelebt und es ist immer deine Mutter Ines gewesen, die sich um alles kümmerte. Gewiss wirst du eine sehr gute Mutter sein, aber ... du kannst weder waschen, noch kochen ... und was wirst du machen, wenn die Kinder da sind? Aber was rede ich, vorerst keine Kinder, beileibe nicht, wir haben nicht einmal eine richtige Verlobung hinter uns, und sind bereits verheiratet. Also widmen wir uns zuerst unseren Bedürfnissen, dann mit der Zeit werden wir an die Kinder denken ... Also, Imma, was meinst du?«

»Ich meine, dass du mich wegen deiner Mutter im Haus hättest fragen können«, antwortete Imma genervt. »Ich hätte vorgezogen, selbst etwas zu tun, Fehler zu machen, aber selbst etwas zu tun. Immer deine Mutter bei uns zu haben ... Genau, nicht einmal Verlobung haben wir gefeiert, und jetzt beginnen wir mit einer Ehe zu dritt. Zu dritt haben wir mit Onkel Quinto die halbe Hochzeitsreise gemacht, den wir nach Senigallia begleiten mussten, da es eh auf der Strecke liegt. Also, bin ich nun deine Frau oder nicht? Hör endlich auf mit dem Theater vom Waisenkind, mit der verwitweten Mutter. Dein Vater hat dir nicht deine Mutter anvertraut, er ist tot, er ist nicht fortgegangen. Deine Mutter ist in der Lage auf sich selbst zu schauen; sie hat dich alleine großgezogen,

Emilio l'afferrò da dietro e le affondò il viso fra i lunghi capelli biondi, profumati, ondeggianti, sotto lo sguardo fisso i dei cani di ceramica, pronti al primo riporto di un'improbabile caccia.

»Imma, Imma«, disse Emilio con tono suadente, »hai ragione, dovevo parlartene, ma il viaggio, gli incontri coi parenti, le carezze... mi sono perso fra le tue braccia, amore. Pensavo potesse essere una piacevole sorpresa per te: la mamma qui, per me e per te, per avere più tempo per noi ed essere più liberi di goderci a vicenda la nostra gioventù. E poi avremo più possibilità di uscire, di andare a cena fuori. Per ora, potremo permetterci di andare solo una volta a settimana, ma una volta pagate le rate...«

»Sì il sabato, per la pizza, la pizza al Moresco... Hanno un pizzaiolo di Napoli, sentirai che bontà! Ma promettimi: tua madre mai! Emilio, promettimi: il sabato no!«

»Prometto. E tu cosa prometti?«

»Io ho già promesso in Chiesa. Non ti basta? E sorprese non te ne faccio.«

während dein Vater in Afrika bei den Engländern in Gefangenschaft war ... Stell Dir das vor ... Und das Foto deines Vaters Fabrizio, steck es in deine Brieftasche, so erinnerst du dich öfter an ihn, und er erinnert dich daran, ein Mann zu sein.«

Emilio packte sie von hinten und vergrub sein Gesicht in ihren langen, blonden, parfümierten und gelockten Haaren unter dem starren Blick der Keramikhunde, bereit zum ersten Apport einer unwahrscheinlichen Jagd.

»Imma, Imma«, sagte Emilio mit verführerischem Tonfall, »du hast Recht, ich hätte mit dir reden müssen, aber die Reise, die Treffen mit den Verwandten, die Zärtlichkeiten ... ich habe mich in deinen Armen verloren, *amore*. Ich dachte, es könnte eine angenehme Überraschung für dich sein: Mutter hier, für mich und für dich, um mehr Zeit für uns zu haben und freier zu sein, unsere Jugend zu genießen. Und dann werden wir auch öfter Gelegenheit haben auszugehen, draußen zu Abend zu essen. Vorerst werden wir nur einmal in der Woche ausgehen können, aber wenn erst einmal die Raten abbezahlt sind ...«

»Ja, am Samstag, auf eine Pizza bei *Moresco* ... die haben einen Pizzabäcker aus Neapel, du wirst sehen, was für ein Genuss! Aber versprich mir: Deine Mutter, niemals! Emilio, versprich es mir: am Samstag nicht!«

»Ich versprech's. Und du, was versprichst du?«

»Ich habe bereits in der Kirche versprochen. Genügt es dir nicht? Und Überraschungen werde ich dir keine bereiten.«

Il Moresco era una pizzeria sul lungomare di Grottammare molto frequentato; due volte al mese andavano anche i venditori e gli acquirenti che gravitavano intorno al Consorzio agrario, perché c'era una convenzione che consentiva, dal venerdì alla domenica, il pernottamento e i pasti a prezzi popolari. Imma lo sapeva perché c'era stata una volta tre anni prima con Nico. Li avevano scambiati per padre e figlia, perché allora non ci si scambiavano effusioni in pubblico. C'era imbarazzo, fra la gente semplice, anche a guardarsi con troppa intensità in pubblico. Al buio e lontano da occhi indiscreti, il mondo andava proprio come ora.

Nico aveva 17 anni più di Imma, ma il lavoro in campagna, la fatica affrontata fin da giovinetto – anche se era un ricco possidente terriero – gli faceva dimostrare più anni di quelli che effettivamente avesse. Erano lì di nascosto. Erano arrivati con l'Alfa rossa, dopo che si erano appuntamento in un vicolo poco frequentato di San Benedetto. Imma aveva detto ad Arianna, la sua più cara e fedele amica conosciuta all'educandato, di reggerle la frottola di una loro visita estiva al loro collegio perché Suor Fiorenza stava male e che si sarebbero fermate là fino a alla domenica, per un po' di vacanza in collina. La madre di Imma, Ines, si fidava poco della figlia, che non a caso aveva chiuso in collegio, ma di Arianna, che era stata messa in collegio solo perché i suoi non potevano badarla più di tanto, avendo loro una catena di macellerie; Arianna, a detta anche delle suore, era una ragazza molto tranquilla e obbediente a differenza della sua Imma.

Der rote Alfetta

Moresco war eine gut besuchte Pizzeria an der Strandpromenade von Grottamare; zwei Mal im Monat gingen auch die Vertreter und die Kunden, die mit der Agrargenossenschaft zu tun hatten hin, weil es eine Vereinbarung gab, die von Freitag bis Sonntag Übernachtungen und Mahlzeiten zu gemäßigten Preisen ermöglichte. Imma wusste es, weil sie vor drei Jahren einmal mit Nico dort war. Man hatte sie für Vater und Tochter gehalten, denn damals tauschte man in der Öffentlichkeit keine Zärtlichkeiten aus. Unter den einfachen Leuten herrschte Verlegenheit, auch wenn man sich in der Öffentlichkeit bloß zu tief in die Augen schaute. Im Dunkeln und fern von indiskreten Blicken, liefen die Dinge genau so ab wie heute.

Nico war siebzehn Jahre älter als Imma, aber die Arbeit auf den Feldern, die von jungen Jahren an auf sich genommenen Mühen – auch wenn er ein reicher Landbesitzer war –, ließen ihn älter erscheinen als er tatsächlich war. Sie waren heimlich dort. Sie waren mit dem roten Alfa Romeo gekommen, nachdem sie sich in einer wenig frequentierten Gasse von San Benedetto verabredet hatten. Imma hatte zu Arianna, ihrer besten und treuesten Freundin, die sie im Internat kennen gelernt hatte, gesagt, sie solle das Märchen von einem sommerlichen Besuch im Internat mittragen, wo sie die kranke Schwester Fiorenza besuchen wollten, und bis Sonntag da geblieben wären, um ein wenig Urlaub auf dem Land zu machen. Immas Mutter, Ines, traute der Tochter, die sie nicht umsonst ins Internat gesteckt hatte, recht wenig, wohl aber Arianna, die nur ins Internat gekommen war, weil ihre Eltern nicht in der Lage waren auf sie aufzupassen, da sie eine Reihe von Metzgereien besaßen; Arianna war auch laut den Aussagen der Schwestern, im Gegensatz zu ihrer Imma, ein sehr ruhiges und folgsames Mädchen.

Nico e Imma sfrecciarono sul lungomare, mentre, costretta a due giorni di clausura forzata, Arianna si fingeva ammalata per non dover uscire col rischio di incontrare Ines che, se avesse scoperto l'inganno, una bella sberla l'avrebbe data anche a lei.

Il venerdì Nico lavorò tutto il giorno e alla chiusura del mercato, che era andato molto bene, aveva raggiunto subito Imma con l'Alfa rossa per andare alla Pensione Il *sorriso*, che stava al piano di sopra al Moresco.

»Com'è andata oggi? Cosa hai fatto«, le chiese Nico

»Ho camminato, guardato vetrine, camminato, guardato gelaterie, camminato, guardato gli altri prendere il sole e fare il bagno – gli rispose Imma in un tono tra l'ironico e il seccato.«

»Ehi... ragazzina... ragiona: vuoi che qualcuno ci veda? E poi perché non ti sei comprata qualcosa, preso un gelato, eh?«

»Perché sono qui di nascosto e non ho potuto chiedere soldi alla mamma!«

»Hai ragione, che stupido... potevi chiedermi...«

E Nico tira fuori un rotolo di mille lire strette con un elastico giallo. Imma si volta inorridita e inizia a piangere. Nico non comprende. Era stata Imma a dirgli, da più di un anno – Portami con te! Appena non c'è più scuola, sì, vengo con te fuori a fare il mercato. Troverò una scusa, ma portami con te! Ora, invece Imma lo incalzava:

»Metti via quei soldi. Mi fai sentire una... una di „quelle" che si pagano; „quelle" che hai avuto prima di me!«

Nico la prese per le spalle, la voltò e infilò il suo sguardo

Nico und Imma brausten über die Uferpromenade, während Arianna, zu zwei Tagen erzwungener Klausur verdammt, sich krank gab, um nicht aus dem Haus gehen zu müssen, mit dem Risiko Ines zu begegnen, die, hätte sie den Betrug entdeckt, auch ihr eine ordentliche Ohrfeige verpasst hätte.

Am Freitag arbeitete Nico den ganzen Tag auf dem Markt, der sehr gut gelaufen war, dann war er mit seinem roten Alfa sofort zu Imma gekommen, um mit ihr zur Pension „Il Sorriso" zu fahren, die sich im ersten Stock der Pizzeria „Il Moresco" befand.

»Wie war es heute? Was hast du gemacht?«, fragte Nico.

»Ich bin herumspaziert, habe Schaufenster betrachtet, herumspaziert, Eisdielen angesehen, herumspaziert, den anderen beim Sonnenbad und beim Schwimmen zugesehen«, antwortete Imma mit einem ironisch bis genervten Ton.

»Hör mal, Mädchen ... überleg doch: Willst du, dass uns jemand sieht? Und überhaupt, warum hast du dir nicht irgend etwas gekauft, ein Eis gegessen?«

»Weil ich heimlich hier bin und Mama nicht um Geld fragen konnte!"

»Du hast Recht, was bin ich für ein Dummkopf ... du hättest doch mich fragen können ...«

Und Nico zieht ein von einem gelben Gummiband zusammengehaltenes Bündel Tausend-Lire-Scheine hervor. Imma dreht sich entsetzt zur Seite und beginnt zu weinen. Nico versteht nicht. Es war doch Imma, die seit über einem Jahr sagt: „Nimm mich mit dir! Sowie die Schule aus ist, ja, komme ich mit dir auf den Markt. Ich werden eine Ausrede finden, aber nimm mich mit!" Nun aber setzte sie ihm zu:

»Steck dieses Geld weg! Ich komm mir vor wie eine ... wie eine von „denen", die man bezahlt; eine von „denen", die du vor mir gehabt hast!«

Nico nahm sie bei den Schultern, drehte sie um, und

azzurro e duro negli occhi marroni e liquidi di Imma:

»Io con „quelle" non ci sono mai stato!«, disse con tono risoluto Nico. »Ho quasi trentasei anni e di donne ne ho avute, ma mai giovani come te, io rischio la galera per stare con una minorenne come te, lo sai? Prima dei 21 anni qui, tu con me, non dovresti starci.«

»Ma se tu mi sposi, sì! Se tu mi sposi, sì, che io posso starci... Sposami Nico, sposami!«

Nico lasciò le spalle di Imma; in silenzio si tolse la camicia e la mise con cura sulla sedia, socchiuse le imposte, diede uno sguardo al mare che si intravedeva nel tramonto di perla in quel venerdì di luglio. Si sdraiò con infinita calma, respirò profondamente. Le braccia incrociate sotto la testa, lo sguardo al soffitto. Silenzio. Imma si sdraiò accanto a lui, gli passò le dita sulle tempie prematuramente imbiancate e, gli baciò dolcemente le labbra.

»Non dici niente Nico?«

»Tu vuoi davvero una risposta, Imma? Non si fanno domande ad altri per imporre le proprie risposte. È meglio tacere, non credi?«

Imma, rassegnata ma piena di rabbia e passione, spogliò il suo uomo e lo prese con scandaloso vigore. Inondò di sesso, amore e tenerezza quella anonima stanza in penombra. Voleva che il suo amore sopraffacesse i pregiudizi, le paure, le reticenze di quell'uomo bello come nessun altro, adulto eppure più piccolo di lei: voleva fargli capire cos'è l'amore. La stanza era tutta bionda e ondulata come i capelli di Imma.

Scesero a mangiare al Moresco. Risalirono a fare l'amore e non fecero altro sino alla domenica mattina quando, in si-

bohrte seinen blauen und harten Blick in die braunen und wässrigen Augen Immas:

»Ich bin nie bei „denen" gewesen!«, sagte Nico mit entschiedenem Ton. »Ich bin fast sechsunddreißig Jahre alt und habe viele Frauen gehabt, aber nie eine so junge wie dich; ich riskiere das Gefängnis, weil ich mich mit einer Minderjährigen wie dir abgebe, weißt du das? Bis du nicht einundzwanzig bist, dürftest du nicht hier sein, mit mir.«

»Aber wenn du mich heiratest, schon! Wenn du mich heiratest, darf ich sehr wohl bleiben ... Heirate mich, Nico, heirate mich!«

Nico ließ Immas Schultern los; schweigend zog er das Hemd aus und legte es sorgfältig auf den Stuhl, er machte die Fensterläden ein wenig auf, warf einen Blick auf das Meer, das man in der Perlendämmerung an jenem Freitag im Juli unklar erkennen konnte. Er legte sich mit unendlicher Ruhe hin, atmete tief durch. Die Arme hinter dem Kopf verschränkt, den Blick an der Decke. Schweigen. Imma legte sich neben ihn, fuhr ihm mit den Fingern über die vorzeitig ergrauten Schläfen und küsste ihn zärtlich auf die Lippen.

»Du sagst nichts, Nico?«

»Willst du wirklich eine Antwort, Imma? Denn man stellt anderen nicht Fragen, um die eigenen Antworten aufzudrängen. Es ist besser zu schweigen, glaubst du nicht?«

Resigniert, aber voller Zorn und Leidenschaft entkleidete Imma ihren Kerl und nahm ihn mit skandalöser Energie. Sie erfüllte jenes im Halbdunkel liegende Zimmer mit Sex, Liebe und Zärtlichkeit. Sie wollte, dass ihre Liebe die Vorurteile, die Ängste, und die Zurückhaltung jenes Mannes überwältigte, der so schön wie keiner war, erwachsen, aber doch kleiner als sie: Sie wollte ihm begreiflich machen, was die Liebe ist. Das Zimmer war ganz blond und gelockt, wie die Haare Immas.

Sie gingen ins „Moresco" hinunter zum Essen. Sie gingen wieder hinauf, um miteinander zu schlafen, und sie taten

lenzio e senza sorrisi, ripresero l'Alfa rossa per ritornare a San Benedetto. Il viaggio avvenne in un silenzio imbarazzato, con Imma che guardava distrattamente fuori dal finestrino, assorta nei suoi pensieri; poi scese in silenzio dall'auto e Nicò sgommò via veloce. Imma fece l'ultimo tratto in corriera perché la madre sarebbe venuta a prenderla.

nichts anderes bis am Sonntag Morgen, als sie schweigend und ohne Lächeln wieder in den roten Alfa Romeo stiegen, um nach San Benedetto zurückzufahren. Die Fahrt verlief unter verlegenem Schweigen, mit Imma, die zerstreut durchs Wagenfenster sah, ganz in ihre Gedanken vertieft; dann stieg sie schweigend aus dem Auto und Nico fuhr mit quietschenden Reifen davon. Imma legte das letzte Stück im Autobus zurück, weil die Mutter kommen würde, sie abzuholen.

»Come sta Suor Fiorenza? E Arianna, dov'è?«, disse Ines.

»Arianna si è sentita poco bene ed è rimasta a casa. Suor Fiorenza non sta bene. Il prossimo anno Suor Paola farà anche latino per non farla stancare troppo. E tu che hai fatto, mamma?», rispose Imma cercando di essere credibile.

Ines capì dallo sguardo basso della figlia che stava mentendo e che doveva averne combinata una delle sue.

Per Ines la menzogna era intollerabile, specialmente da parte di una figlia verso la madre.

Imma conobbe allora un altro tipo di silenzio, quello di sua madre. Un silenzio rappreso come una coagulazione velocissima di pensieri, decisioni, fulminazioni. *„Diavola di una figliola, mi, mi... te castigo, diavola di una putela[5]"*, pensò Ines... e si sentì mancare. Si appoggiò pesantemente ad un muro, come per un giramento di testa, e Imma la sorresse in tempo perché non finisse in terra, ma la madre l'allontanò immediatamente.

Arrivate a casa Ines andò in camera di Imma, le preparò in silenzio la valigia con le poche cose che aveva del guardaroba estivo; poi scese, sempre in silenzio, i 77 scalini che la separavano dalla strada e percorse i cinquecento metri dalla tabaccheria dove c'era un telefono pubblico. Chiamò con tono perentorio suo marito Rivo perché venisse a prendersi la figlia e la portasse con lui. Lei con quella diavola di figlia non ce la faceva più; nemmeno le suore del collegio l'avevano addomesticata: quel che Imma voleva, prendeva.

»Rivo, toglimela di torno o l'ammazzo, com'è vero Iddio, l'ammazzo!« E riattaccò d'un colpo la cornetta.

[5]Espressione veneta per bambina.

»Wie geht es Schwester Fiorenza? Und wo ist Arianna?«, fragte Ines.

»Arianna hat sich nicht gut gefühlt und ist zu Hause geblieben. Schwester Fiorenza geht es nicht gut. Nächstes Jahr wird Schwester Paola auch Latein machen, um sie etwas zu entlasten. Und was hast du gemacht, Mama?«, erwiderte Imma, im Versuch glaubwürdig zu wirken.

Ines sah es am niedergeschlagenen Blick der Tochter, dass sie log und dass sie wieder etwas angestellt hatte.

Für Ines war die Lüge unerträglich, vor allem die Lüge einer Tochter der Mutter gegenüber.

Imma lernte jetzt eine andere Art Schweigen kennen, das ihrer Mutter. Ein Schweigen, verfestigt, wie ein sehr schnelles Gerinnen von Gedanken, Entscheidungen, Blitzschlägen. „Teufelin von einer Tochter, ich, ich bestrafe dich, Teufel von einem Mädchen", dachte Ines, und ihr wurde schwindlig. Sie lehnte sich schwer an eine Mauer, wie ein Schwindeln im Kopf, und Imma fing sie rechtzeitig auf, damit sie nicht auf dem Boden landete, aber die Mutter schob sie sofort weg.

Zu Hause angekommen, ging Ines in Immas Zimmer, packte ihr schweigend den Koffer mit den wenigen Sachen der Sommergarderobe, dann stieg sie, immer noch schweigend, die siebenundsiebzig Stufen hinab, die sie von der Straße trennten und legte die fünfhundert Meter bis zur Tabaktrafik zurück, wo sich das öffentliche Telefon befand. Sie rief mit entschlossener Stimme ihren Mann Rivo an, damit er die Tochter holen komme und mit sich nehme. Sie hielt es mit diesem Teufel von einer Tochter nicht mehr aus; nicht einmal die Schwestern im Internat hatten sie zähmen können: das was Imma wollte, nahm sie sich.

»Rivo, schaffe sie mir vom Hals oder ich bringe sie um, so wahr mir Gott helfe, ich bringe sie um!« Und sie legte

Lunedì notte Imma partiva col padre Rivo per Viareggio, senza che Ines venisse a salutarli. Con questa decisione Ines aveva tenuto in punizione anche se stessa, impedendosi di abbracciare il marito che amava con tutta se stessa e che vedeva di rado, sempre imbarcato dove c'era lavoro. Nessuno la vide piangere e accarezzare le lenzuola profumate di lavanda e borotalco che tanto piacevano al suo Rivo. Ines abdicava al marito il governo di quel mare in tempesta che agitava Imma fin dai quindici anni.

Ines si sentiva comunque in colpa per l'irrequietezza di Imma

schlagartig den Hörer auf.

Montag Nacht fuhr Imma mit ihrem Vater Rivo nach Viareggio, ohne dass Ines sie noch verabschiedet hätte. Mit diesem Entschluss hatte Ines auch sich selbst bestraft und sich verwehrt, den Mann zu umarmen, den sie über alles liebte, und den sie so selten sah, immer auf dem Meer, wo es gerade Arbeit gab. Niemand sah sie weinen und die nach Lavendel und Puder riechenden Betttücher streicheln, die ihr Rivo so sehr mochte. Ines trat ihrem Mann die Regierung über jenes stürmische Meer ab, das Imma durcheinander brachte, seit sie fünfzehn war.

Ines fühlte sich trotzdem wegen der Ruhelosigkeit Immas schuldig.

A Viareggio Imma conobbe Clara, in Darsena. Lì c'erano tante famiglie di trabaccolari[6]. Rivo rientrava la sera col pescato, rinunciando alla pesca notturna ora che aveva la figlia con sé. Rivo, a cui la figlia aveva raccontato di Nico, pur non condividendo la sua scelta si fidava di lei e non la contrastava. Sapeva che donne così amano un solo uomo; era stato così pure con Ines, che era riuscito a sposare perché avevano avuto l'autorizzazione dal padre Giuseppe, mentre Yulka, la madre di Ines, si oppose fino alla fine: *Cossa ti va a cior un marinaio. Cossa gho fatto carne da macello, mi? El ga una donna a ogni porto. Stupida, ti s'è una stupida*[7].

Si erano sposati e si amavano ancora, e se a Rivo qualcuna gli aveva fatto compagnia qualche volta, era in un posto lontano e le lenzuola non sapevano mai di borotalco e lavanda. Solo Ines e Imma erano nel cuore di quel brav'uomo che si sentiva di vivere poco, ed è forse per questo che se la figlia cresceva in fretta non gli dispiaceva poi così tanto; forse avrebbe fatto in tempo a tenere sulle ginocchia il suo primo nipote.

Ora Ines, però, tutto questo non lo poteva capire. Il sangue le si era fatto veleno. Ines andava *lasciata nel suo brodo a cuocere piano piano*. Qualche mese e sarebbe passato. Intanto Imma, però, stava perdendo l'anno scolastico al collegio. Allora Rivo la impiegò da un amico ragioniere che le insegnò

[6]Pescatori di San Benedetto del Tronto che vanno a pesca con il trabaccolo, un'imbarcazione a carena bassa.
[7]Come fai a scegliere un marinaio. Cosa ho fatto, carne da macello? Egli ha una donna in ogni porto, tu sei stupida

Viareggio

In Viareggio lernte Imma Clara kennen. Dort gab es viele Familien von *Trabaccolari*[8], kleinen Fischern. Rivo kehrte am Abend mit dem Fang zurück und verzichtete auf die nächtliche Fischerei, da er nun die Tochter bei sich hatte. Rivo, dem die Tochter von Nico erzählt hatte, vertraute ihr und widersetzte sich ihr nicht, obwohl er ihre Wahl nicht teilte. Er wusste, dass solche Frauen nur einen Mann lieben; so war es auch mit Ines gewesen, die zu heiraten ihm gelungen war, weil er das Einverständnis von Vater Giuseppe erhalten hatte, während Yulka, Ines' Mutter, sich bis zum Ende quergestellt hatte: „Wie kannst du nur einen Seemann aussuchen. Was habe ich bloß in die Welt gesetzt, etwa Fleisch für den Schlachthof? Er hat in jedem Hafen eine Frau. Dumm bist du, nur dumm."

Sie hatten geheiratet und liebten sich noch, und wenn ab und zu irgend eine vielleicht Rivo Gesellschaft geleistet hatte, geschah das an einem fernen Ort und die Betttücher rochen da nie nach Puder und Lavendel. Nur Ines und Imma hatten im Herzen dieses braven Mannes Platz, der spürte, dass er nicht lange zu leben hatte, und vielleicht tat es ihm auch deshalb nicht so sehr leid, dass die Tochter so schnell heranwuchs; vielleicht würde er es schaffen, den ersten Enkel auf seinem Schoß zu halten.

Jetzt aber konnte Ines das alles nicht verstehen. Das Blut war ihr zu Gift geworden. Man musste Ines ganz langsam im eigenen Saft schmoren lassen. Ein paar Monate, und es würde vorübergehen. Inzwischen aber verlor Imma ein Schuljahr im Internat. Also schickte Rivo sie zu einem befreundeten Buchhalter, der ihr die Buchführung beibrachte. Sie verdiente auch etwas, und wieder zu Hause hätte sie diese Er-

---

[8]Fischer von San Benedetto del Tronto, die mit flachen Booten, den *trabaccoli*, dem Fischfang nachgehen.

la contabilità. Guadagnava anche qualcosa e, tornata a casa, avrebbe potuto mettere a frutto tale esperienza e forse dato qualche soddisfazione anche a Ines. Lontano da Nico, Imma cresceva, ma non si faceva avvicinare da nessuno. Rivo conosceva bene sua figlia, vissero a Viareggio per un anno e nemmeno un bacio o una carezza di qualche spasimante, benché la lasciasse andare a ballare, la facesse partecipare al Carnevale e uscire tutte le sere con Clara in passeggiata. Un giovane medico aveva *perso la tramontana* per lei. Ma aveva, purtroppo per lui, degli occhi azzurri troppo simili a Nico, ed era già difficile per lei poterlo guardare. Imma lo lasciava parlare, ma in silenzio ora stava lei. Paga sempre l'innocente per il colpevole. Non è giusto, ma accade. Almeno tra le storie degli uomini, fra quelle divine non è dato ancora sapere;

Ines, si diceva spesso tra sé, che se lei, senza colpa, si puniva, benché le sembrasse di aver vigilato in tutti i modi su quella diavola di una figlia, unica e bella come il sole, Iddio, un po' di colpa non se la sentiva mai? E lui si privava degli uomini e dei Santi come faceva Ines che si privava degli amori più grandi per punirsi fino a farsi sanguinare il cuore?

Ines vedeva Imma e Rivo ogni quattro, lunghi, mesi.

fahrung fruchtbringend einsetzen können, und damit vielleicht auch Ines etwas Genugtuung verschafft. Fern von Nico wuchs Imma heran, aber niemand durfte sich ihr nähern. Rivo kannte seine Tochter gut, sie lebte ja seit einem Jahr bei ihm in Viareggio, aber kein Kuss, keine Zärtlichkeit irgend eines Verehrers, obwohl er sie zum Tanzen ausgehen, sie am Karneval teilnehmen ließ, und jeden Abend zu einem Spaziergang mit Clara auf der Promenade anhielt. Ein junger Arzt hatte für sie den Verstand verloren, aber, Pech für ihn, er hatte blaue Augen, die denen Nicos zu sehr ähnelten, und es war schwer ihn anzusehen. Imma ließ ihn reden, aber nun war sie es, die schwieg. Es ist immer der Unschuldige, der für den Schuldigen bezahlt. Es ist nicht richtig, aber es passiert. Zumindest bei den Menschen, bei den Göttern weiß man es noch nicht.

Ines sagte oft zu sich selbst, wenn schon sie sich, obwohl ohne Schuld, selbst bestrafte, obwohl ihr schien, auf jede Art und Weise auf diese Teufelin einer Tochter, der einzigen und schön wie die Sonne, aufgepasst zu haben, fühlte sich da Gott nie ein wenig mitschuldig? Und Gott, verzichtete Gott auf die Menschen und die Heiligen, wie es Ines tat, die auf die stärksten Zuneigungen verzichtete, um sich zu bestrafen bis ihr Herz blutete?

Ines sah Imma und Rivo immer nur nach vier langen, langen Monaten.

La dote

Quella figlia andava fatta sposare al più presto, al primo che la voleva davvero. Ines si mise a risparmiare per fare una dote a Imma. Non comprava più niente per sé, anche se era ingrassata tanto perché viveva solo di patate, fagioli, pane, polenta e, qualche volta *risi e bisi*. Aveva rinunciato anche alle sue lunghe camminate e nuotate, per avere il tempo di stare alla macchina da cucire per trasformare, con fantasia e abilità gli scampoli che prendeva dalle Signorine Ortensi, che commerciavano biancheria e passamaneria di grande qualità, roba che loro acquistavano da famosi negozi fiorentini, i più raffinati e forniti d'Italia. Le tende, Ines le aveva fatte con una sapiente composizione di scampoli di seta di Como, alcune tovaglie erano cucite in tela siciliana e alcuni asciugamani erano realizzati in tessuto sardo. Insomma, navigava più Ines con i suoi tessuti che Rivo per mare, ormai. Dopo l'avventura di Suez, la sua carriera di macchinista ebbe una battuta d'arresto, anche per via di quel colpo alla testa che aveva subito tanti anni prima in una sala motori di una nave mercantile, che sempre più spesso si rifaceva vivo.

Ines non andava più a trovare nessuno e nessuno la veniva a trovare, fuorché la ricamatrice che Ines pagava quando poteva e che le adornava col tombolo e ricami le lenzuola per Imma.

Quando Ines non cuciva era col pennello in mano per rinfrescare la casa. Aveva trasformato dei poveri e anonimi locali in una „casa delle bambole" dove si respirava una grande dignità e signorilità; quelle che Ines si era portata in dote dall'Istria, dove aveva lasciato tutto il resto.

Die Aussteuer

Diese Tochter musste so schnell wie möglich mit dem Erstbesten, der sie wirklich haben wollte, verheiratet werden. Ines begann für die Aussteuer Immas zu sparen. Für sich kaufte sie nichts mehr, auch wenn sie stark zugenommen hatte, da sie nur mehr von Kartoffeln, Bohnen, Brot, Polenta und manchmal Reis mit Erbsen lebte. Sie verzichtete auch auf ihre langen Spaziergänge und das Schwimmen, um Zeit zu haben, an der Nähmaschine zu sitzen, und die Stoffreste, die sie sich bei den Geschwistern Ortensi besorgte, die in Unterwäsche und Besatzware feinster Qualität handelten, Ware, die sie von berühmten Florentiner Läden, die feinsten und wohlausgestattetsten ganz Italiens kauften, mit Fantasie und Geschick zu verarbeiten. Die Vorhänge, Ines hatte sie mit einer klugen Komposition von Seidenresten aus Como gemacht, einige Tischdecken waren aus sizilianischem Leinen genäht, und einige Handtücher waren aus sardischem Gewebe. Kurz, es fuhr mittlerweile Ines mehr mit ihren Stoffen zur See als Rivo mit dem Boot. Nach seinem Abenteuer in Suez, hatte seine Karriere als Maschinist ein Ende gefunden, auch wegen des Schlages auf den Kopf, den er viele Jahre vorher im Maschinenraum eines Frachters abbekommen hatte, und der sich immer öfter bemerkbar machte.

Ines ging niemanden mehr besuchen und niemand kam zu ihr zu Besuch, außer der Stickerin, die Ines bezahlte, wann sie konnte und die mit Klöppelspitzen und Stickereien die Bettwäsche für Imma verzierte.

Wenn Ines nicht nähte, hatte sie den Pinsel in der Hand, um die Wände zu tünchen. Sie hatte die ärmlichen und unpersönlichen Räume in ein „Puppenhaus" verwandelt, in dem man eine große Würde und Vornehmheit atmete, jene, die Ines als Mitgift aus Istrien mitgebracht, wo sie aber alles

Aveva la schiena dritta delle donne dalmate e la bora[9] tra i pensieri, con quella figlia là, innamorata di un vecchio che non l'avrebbe mai sposata. Nico era ricco, ma rimaneva „un contadino di testa" e da queste parti – che Ines indicava genericamente come Sud, perché per lei sotto Trieste tutto era già Sud – come avrebbe fatto a sposarsi prima delle sue cinque sorelle in età da marito, che la tradizione delle famiglie dei possidenti terrieri non permetteva. Nico, che era così ligio alle regole familiari, avrebbe avuto la forza di mettersi contro la famiglia per Imma? No! Nico non si sarebbe mai sposato prima delle sorelle zitelle. E quelle sorelle non le prendeva certo nessuno perché ci voleva „più roba" di loro, e in zona chi c'era così? Nessuno, nessuno...E poi le poverette potevano uscire solo per i vespri, la funzione mattutina e quella festiva, accompagnate generalmente dal fratello Nico... e chi le avrebbe sposate? Solo il sagrestano, se fosse stato mussulmano, un poligamo paziente e anche un po'... cieco... pensò Ines abbozzando un sorriso tra sé e sé che poi si trasformò in un'invettiva liberatoria che risuonò nella stanza silenziosa:

»I turchi ci vorrebbero per quelle lì! Sì, i turchi a fare quello che a noi hanno fatto i titini[10]!» Poi si zittì e il ricordo di quei momenti gli si fece amaro e triste:

»È finita solo da poco la guerra, si alza ancora il fumo degli spari, ma che ne sanno queste beghine nere e rattrappite, della guerra di confine, della guerra che non finisce mai. Gli

---

[9]Vento triestino

[10]I miliziani socialisti di Tito, particolarmente spietati nella repressione con gli italiani e non solo; basta ricordare i migliaia di morti nelle foibe.

andere zurückgelassen hatte.

Sie hatte das aufrechte Rückgrat der dalmatinischen Frauen und die Bora, den Fallwind im Kopf, dank jener Tochter, die in einen Alten verliebt war, der sie nie heiraten würde. Nico war reich, aber in seinem Kopf blieb er ein Bauer, und wie hätte er es in dieser Gegend – die Ines verallgemeinernd als Süden bezeichnete, weil laut ihr unterhalb Triests alles Süden war – schaffen sollen, vor seinen fünf Schwestern, die alle im heiratsfähigen Alter waren, zu heiraten, wenn es der Brauch der Familien der Landbesitzer nicht zuließ. Hätte Nico, der den familiären Regeln so ergeben war, die Kraft gehabt, sich für Imma gegen die Familie zu stellen? Nein, Nico würde nie vor seinen jungfräulichen Schwestern heiraten. Und diese Schwestern würde gewiss niemand nehmen, weil es da „mehr Zeug" brauchte als sie hatten, und wer in der Gegend hatte das? Niemand, niemand ... Und außerdem durften die Ärmsten nur zur Abendandacht, zur Früh- und zur Sonntagsmesse aus dem Haus, üblicherweise in Begleitung des Bruders Nico ... wer hätte die denn geheiratet? Nur der Küster, ein geduldiger, auch ein bisschen blinder Polygamist, sofern er Muslim gewesen wäre, dachte Ines bei sich, ein Lächeln andeutend, das sich dann in eine befreiende Beschimpfung verwandelte, die im stillen Zimmer widerhallte:

»Die Türken bräuchte es für die da! Ja, die Türken, damit sie mit denen dasselbe machen, was die Titomilizen[11] mit uns gemacht haben!« Dann verstummte sie und die Erinnerung an jene Momente wurde bitter und traurig:

»Der Krieg ist erst seit kurzem aus, noch steigt der Rauch der Schüsse auf, aber was wissen denn diese schwarzen, verkrampften Betschwestern schon vom Grenzkrieg, vom Krieg, der nie endet. Die Amerikaner haben wir bis 1954 in

---

[11]Diese Milizen gingen besonders grausam gegen die Italiener vor, Tausende von ihnen wurden in die *foibe*, die abgrundtiefen Dolinen im Karstgebiet Dalamtiens, geworfen.

americani a Trieste fino al '54 abbiamo avuto.«

Imma aveva otto anni quando con Rivo siamo scappati su un treno merci, di nascosto, come ladri. Chi dice che la guerra è finita nel '45? Qui sì, qui al Sud sì! Io non tornerò più a casa mia, non andrò mai più sulla tomba di mio padre e di mia madre. Ma *il leone di Venezia lo ghò con mi*[12] e anche nel cuore.«

Gli americani avevano lasciato Trieste nel '54, era vero. Non avrebbe più visto casa sua, era vero. Tito aveva requisito e dato la sua bella villa con giardino a cinque famiglie titine. Ines, a San Benedetto, era stata ospitata nelle soffitte concessale da nonno Daniele, padre di Rivo; un suocero anarchico il cui motto, riportato anche in una targhetta affissa all'immobile di proprietà era „edificò lavorando, senza frodare alcuno"; e lei, si domandava Ines, profuga istriana, a chi aveva tolto per avere... delle soffitte e niente di più? Nelle mani laboriose di Ines, tra mille sacrifici e rinunce, quelle soffitte divennero due piccoli appartamenti con in comune una grande terrazza, con piante rigogliose e fiori curati, un lavatoio, una tettoia per stendere i panni e una doccia con l'acqua solo fredda. Riuscì anche ad affittare un appartamentino ad una maestra, con cui, nella bella stagione, si intratteneva volentieri a parlare fra il profumo dei fiori e della pasticceria-torrefazione sottostante. A volte Ines era quasi felice.

[12] Il leone, antico simbolo della repubblica e dei territori di Venezia, ce l'ho con me.

Triest gehabt.

Imma war acht Jahre alt, als wir mit Rivo auf einem Güterzug versteckt, wie die Diebe, geflohen sind. Wer sagt, dass der Krieg '45 aus war? Hier ja, hier im Süden ja! Ich kehre nicht mehr nach Hause zurück, werde nie mehr zum Grab meines Vaters und meiner Mutter gehen. Aber den Löwen von Venedig habe ich bei mir und auch in meinem Herzen.«

Es stimmt, die Amerikaner sind 1954 aus Triest abgerückt. Es stimmt, dass sie ihr Zuhause nicht wiedersehen würde. Tito hatte ihre schöne Villa mit Garten den Familien von fünf Titoanhängern gegeben. Ines wurde in San Benedetto im Dachboden untergebracht, das ihr der Großvater Daniele, Rivos Vater, überließ; ein anarchistischer Schwiegervater, dessen Motto, das auch auf einer Gedenktafel am Gebäude festgehalten war, lautete: „Mit Arbeit erbaut, ohne jemanden zu betrügen". Und sie, Flüchtling aus Istrien, fragte sich Ines, wem hatte sie etwas genommen um ... einen Dachboden zu haben und weiter nichts? Durch Ines arbeitsame Hände wurde aus dem Dachboden dank tausend Opfern und Verzicht zwei kleine Wohnungen mit einer großen gemeinsamen Terrasse mit üppigen Pflanzen und gepflegten Blumen, einem Waschtrog, einem Vordach, um die Wäsche aufzuhängen und einer Dusche, nur mit kaltem Wasser. Sie schaffte es auch, eine der Wohnungen einer Lehrerin zu vermieten, mit der sie sich in der guten Jahreszeit gerne zwischen dem Duft der Blumen und der drunten liegenden Konditorei-Kaffeerösterei unterhielt. Manchmal war Ines fast glücklich.

Gli incontri

Imma tornò a San Benedetto con Clara, l'amica coetanea conosciuta a Viareggio. Il gelo con Ines non era del tutto sciolto.

La ricamatrice, con l'ultima consegna, le aveva dato due buone notizie: che l'oleificio in Piazza Garibaldi cercava ancora una contabile e Imma, con l'esperienza maturata a Viareggio, poteva considerarsi assunta, e che Nico, alla chiusura del mercato era sempre con una fioraia per l'aperitivo serale al *Bar Centrale*. Ines propose alle ragazze una passeggiata e il caso volle che avessero sete proprio all'altezza del *Bar Centrale.*

»Non si bada a spese oggi», disse Ines alle ragazze, »si festeggia il nuovo lavoro di Imma.«

»Davvero, mamma? Quando incomincio?«, riposte sorpresa Imma

»Subito, cara. Lunedì.»

Nico con la bella fioraia non tardò e quando Imma lo vide pretese di rientrare immediatamente a casa per via di un leggero malessere. Si ammalò davvero. Ebbe una febbre di cui non si seppe mai l'origine, ma da cui uscì diversa. Era affettuosa con la madre, e quando non era al lavoro, collaborava alle faccende domestiche; usciva solitamente con Clara e con il nuovo gruppo di amici di Arianna, che le era rimasta sempre amica. Andavano a ballare alla *Palazzina Azzurra* e qualcuno si innamorò di lei, che non amava nessuno e che da nessuno si lasciava corteggiare troppo.

Die Begegnungen

Imma kehrte von San Benedetto mit Clara zurück, der gleichaltrigen Freundin, die sie in Viareggio kennen gelernt hatte. Das frostige Verhältnis zu Ines war immer noch nicht ganz aufgetaut.

Die Stickerin hatte ihr bei der letzten Übergabe zwei gute Nachrichten gebracht: die Ölfabrik am Garibaldi-Platz suchte immer noch eine Buchhalterin, und Imma, mit der in Viareggio gesammelten Erfahrung, konnte sich als eingestellt betrachten, und Nico traf sich nach Marktschluss immer mit einer Blumenhändlerin zum Abendaperitif in der Bar Centrale. Ines schlug den Mädchen einen Spaziergang vor und der Zufall wollte es, dass sie gerade auf der Höhe der Bar Centrale Durst hatten.

»Heute wird geklotzt, wird nicht aufs Geld geschaut«, sagte Ines zu den Mädchen, »heute wird die neue Anstellung Immas gefeiert.«

»Wirklich, Mama? Wann kann ich anfangen?«, entgegnete Imma überrascht.

»Sofort, meine Liebe. Montag.«

Nico und die schöne Blumenverkäuferin ließen nicht auf sich warten, und als Imma ihn sah, bestand sie darauf, wegen eines leichten Unwohlseins unverzüglich nach Hause zu gehen. Sie erkrankte tatsächlich. Sie bekam Fieber, dessen Ursache man nie verstand, aber aus dem sie verändert hervorging. Sie war liebevoll mit der Mutter, und wenn sie nicht bei der Arbeit war, beteiligte sie sich am Haushalt; sie ging üblicher Weise mit Clara und einer neuen Gruppe von Freunden Ariannas aus, die ihr immer eine Freundin geblieben war. Sie gingen in die Palazzina Azzurra tanzen, und mancher verliebte sich in sie, die niemanden liebte und sich von niemanden zu sehr den Hof machen ließ.

Ad agosto suonò il campanello di casa un cugino istriano che era venuto in vacanza senza prenotare e con lui c'era un amico romano che aveva giocato nella stessa squadra di calcio, ma ora faceva il ragioniere. L'appartamento della maestra era libero per un mese e fu affittato ai due giovani, Nevio ed Emilio. In quel mese uscirono sempre con Imma e la sua compagnia. Fra Clara e Nevio ci fu dell'amore, quello che si scrive con lo stecchino del gelato sulla sabbia umida dell'arenile, che si cancella con la prima marea; fra Imma ed Emilio si arrivò alle fedi, al trasferimento a Pescara, all'investimento della dote tanto faticosamente acquistata da Ines, al tulle, alla cornucopia, alla suocera Tilde in casa e ai due cani di ceramica che sembravano veri, pronti al riporto di una preda immobile, un sacrificio inutile in una caccia improbabile.

Im August läutete ein Cousin aus Istrien an der Wohnungstür, der ohne sich anzukündigen mit einem Freund aus Rom, der mit ihm in derselben Fußballmannschaft gespielt hatte, jetzt aber Buchhalter war und mit ihm gemeinsam in die Ferien fuhr, an der Wohnungstür. Die Wohnung der Lehrerin war für einen Monat frei und wurde an die beiden Burschen, Nevio und Emilio, vermietet. Während dieses Monats gingen sie immer mit Imma und ihren Bekannten aus. Zwischen Clara und Nevio gab es eine Liebelei, eine, die man mit dem Eisstäbchen in den feuchten Sand des Strandes schreibt, und die von der ersten Flut weggespült wird; zwischen Imma und Emilio kam es bis zu den Trauringen, zum Umzug nach Pescara, zur Überreichung der von Ines so mühsam zusammengestellten Aussteuer, zum Tüll, dem Füllhorn, zur Schwiegermutter Tilde im Haus, und zu den beiden Keramikhunden, die lebendig wirkten, bereit zum Apport einer bewegungslosen Beute, ein unnützes Opfer einer unwahrscheinlichen Jagd.

Un figlio. Due figli

Erano passati due anni dal matrimonio. Imma trascorreva tutta la settimana tra le pagine patinate di *Grand Hotel, Confidenze, Mani di fata* sfogliate in camera per non incontrare la suocera che sfaccendava e pontificava continuamente. Un metro e sessanta di energia, nonostante l'asma e una debolezza di cuore.

»Lo faccio per Ninni mio, sai« – così chiamava Emilio sua madre. »Tu non meriti nulla, sei pigra e incapace! Quel sugo che ti ho fatto fare ieri era poco tirato. E le animelle si intrecciano e si fanno piano piano... e i carciofi... *famme sta' zitta sui carciofi... non sono riuscita a rimedialli, nemmeno io*[13]*! Come se farà con te... mah... leggi leggi che te fa bene. A lavorà ce penso io. Un rispondi eh*[14]*... fai bene, core. Sei giudiziosa. Brava, t'hanno imparato bene le suore. Brava davvero, a fa' la signora t'hanno imparato... ma l'umiltà, un si insegnava già più ai tempi tuoi?*«

Imma aveva avuto tante scuole del silenzio: in silenzio erano spariti tanti zii e cugini infoibati[15]. In silenzio le vedove e gli orfani erano fuggiti e si erano rifatti una vita a Trieste, Grosseto, Latina, anche in Canada. Qualcuno aveva avuto fortuna. Qualcuno aveva avuto qualche parente in Italia, come la famiglia di Imma. Imma poi aveva avuto la Sora Tilde, una suocera invadente e petulante, ma Imma, nonostante

[13] „...non mi far dir niente dei carciofi... non sono riuscita a ricuperarli neanche io!"

[14] „Non rispondi eh". *Un* sta per *non*.

[15] Nella Jugoslavia di Tito molti italiani e prigionieri o dissidenti politici furono uccisi nelle foibe istriane.

Ein Kind. Zwei Kinder

Seit der Hochzeit waren zwei Jahre vergangen. Imma *verbrachte die ganze Woche in die Hochglanzseiten der Zeitschriften Grand Hotel, Confidenze, Mani di fata vertieft*, in denen sie auf ihrem Zimmer blätterte, um nicht ihrer Schwiegermutter zu begegnen, die ununterbrochen herumhantierte und dabei ständig dozierte. Einenmetersechzig reine Energie, trotz Asthma und einer Herzschwäche.

»Ich tue es für meinen Ninni, weißt du«, so nannte seine Mutter ihren Emilio. »Du verdienst es nicht, bist faul und unfähig! Die Fleischsoße, die ich dir gestern zu kochen aufgetragen hatte, hat zu wenig Konsistenz. Und das Gekröse muss man flechten und ganz langsam garen lassen ... und die Artischocken ... ach, lass mich nicht erst über die Artischocken reden ... die waren nicht mehr zu retten, nicht einmal von mir! Was soll man mit dir nur machen ... bah ... Lies, lies nur, das tut dir gut. Die Arbeit mache ich. Du antwortest nicht, was? ... tust gut daran, *meine Liebe*. Bist vernünftig. Brav, die Klosterfrauen haben dich gut gelehrt. Wirklich brav, die Dame zu spielen haben sie dir beigebracht ... aber die Bescheidenheit haben sie zu deiner Zeit wohl nicht mehr unterrichtet?«

Imma war durch viele Schulen des Schweigens gegangen: Schweigend waren viele Onkel und Tanten in den Dolinen[16] verschwunden. Stillschweigend flüchteten die Witwen und Waisen und haben in Triest, Grosseto, Latina und auch in Kanada ein neues Leben begonnen. Mancher hat Glück gehabt. Mancher hatte einige Verwandte in Italien, wie Immas Familie. Imma hatte jetzt *Sora* Tilde gehabt, eine aufdringliche und lästige Schwiegermutter, doch Imma beklagte sich trotzdem nie.

---

[16]Die schon zuvor erwähnten *Foibe*, in denen politische Widersacher von Tito liquidiert wurden.

tutto, non si lamentava mai.

Poi il sabato Imma si trasformava per la cena al Moresco. Già due anni prima, subito dopo sposata, aveva potuto mangiare al tavolo accanto a Nico; Imma con Emilio ignaro, Nico da solo. Furono sguardi e calore che saliva, rabbia e tensione che faceva muovere Imma nervosamente, a scatti. Ora accarezzava il marito, ora guardava Nico che fingeva di non vederla; a metà pizza aveva acceso una sigaretta per spegnerla dopo due tirate. Ora passava le dita tra i capelli biondi e ondulati, ora sistemava la scollatura ora rideva forte ad una battuta mediocre del marito.

La notte Emilio rimase confuso e sopraffatto da un'amante mai incontrata prima, tanto che più volte esortò Imma a fare piano, che la madre avrebbe potuto sentirli. Emilio era felice: finalmente quella moglie bellissima e tiepida sino ad allora lo amava davvero con tutta se stessa. Un'acrobata nascosta fino a quel sabato, pensò Emilio, mentre cercava di ricordare che pizza avesse mangiato. Anche se sposati ormai da mesi si era sentito sino ad allora insufficiente ed inopportuno: ma attribuiva la cosa alla non facile convivenza con Tilde. Le due donne avevano caratteri forti e storie tanto diverse; non c'era buon sangue tra loro anche se per Ninni, era tutto un gran tacere. Da quel sabato, Imma si trasformò ogni sabato. Senza eccezioni. Ed Emilio non voleva sapere come fu. Pensò che volesse un figlio, dato che ormai tutte le amiche di Imma avevano già un bambino. Loro avevano aspettato, per non avere pensieri, di finire di pagare i debiti per il matrimonio, dei mobili, dell'*Anglia* bianca con i sedili in simil-pelle rossa. Si era creata, tra Emilio e Imma una strana e indecifrabile complicità tra loro che li portava a vivere una vita apparentemente ricca e felice: le cene, il cinema, il teatro in inverno e, in estate, le sale da ballo all'aperto,

Am Samstag dann verwandelte sich Imma für das Abendessen bei Moresco. Bereits zwei Jahre zuvor, gleich nach der Heirat, hatte sie am Tisch neben Nico essen können; Imma mit dem ahnungslosen Emilio, Nico alleine. Da gab es Blicke und Hitze die sich ausbreitete, Zorn und Spannung entstand, die Immas Bewegungen nervös und fahrig werden ließen. Bald streichelte sie ihren Mann, bald schaute sie nach Nico, der vortäuschte sie nicht zu sehen. Die Pizza nur halb verspeist, hatte sie sich eine Zigarette angezündet, um sie nach zwei Zügen wieder auszumachen. Jetzt fuhr sie sich mit den Fingern durch die blond gelockten Haare, zupfte den Ausschnitt zurecht, lachte laut zu einer wenig geistreichen Bemerkung des Gatten.

In der folgenden Nacht war Emilio verwirrt und überwältigt von einer Liebhaberin, der er noch nie begegnet war, so sehr, dass er Imma anflehte, doch etwas leiser zu sein, weil die Mutter sie hätte hören können. Emilio war glücklich: Endlich gab sich ihm diese wunderschöne und bisher laue Ehefrau ganz hin. Eine bis zu jenem Samstag verborgene Akrobatin, dachte Emilio, während er sich zu erinnern versuchte, welche Pizza sie gegessen hatte. Auch wenn sie bereits seit Monaten verheiratet waren, hatte er sich bis dahin als unzulänglich und unangebracht empfunden, aber er führte die Angelegenheit auf das nicht einfache Zusammenleben mit Tilde zurück. Die beiden Frauen hatten starke Charaktere und ihre Vergangenheit war so verschieden; zwischen den beiden herrschte kein Einvernehmen, auch wenn für Ninni alles in ein großes Schweigen gehüllt war. Seit jenem Samstag, verwandelte sich Imma an jedem Samstag gleichermaßen. Ausnahmslos. Und Emilio wollte nicht wissen warum. Er dachte, sie wolle eine Kind, da mittlerweile alle Freundinnen Immas bereits Kinder hatten. Sie hatten gewartet, um keine Sorgen zu haben und die Schulden der Hochzeit, der Möbel und des weißen Ford Anglia mit den

dove ascoltavano la musica e ballavano appassionatamente le canzoni allora in voga *Sei romantica, Volare, Una rotonda sul mare.*

Mai Emilio avrebbe attribuito tanta passione alla relazione segreta che da quasi due anni Imma aveva riallacciato con Nico, di cui Emilio non aveva mai saputo nulla, soffrendo, per altro di gelosia retrospettiva. Imma e Nico si erano accordati già la prima volta. Nico aveva seguito Imma in bagno e l'aveva presa lì, come non fossero mai usciti dalla *Pensione il Sorriso* del piano di sopra quasi quattro anni prima. Poi Imma, rimettendosi il rossetto disse solo: A venerdì. Da quel venerdì Imma riprese a vedersi regolarmente con Nico, e, per due anni, le passeggiate salutari pomeridiane di Imma furono benedette dalla suocera che non ne poteva più di musi lunghi per casa e di quella ragazza che non usciva mai. Nico fu felice di una Imma che non gli poteva chiedere di sposarlo e che si dava con entusiasmo e libertà proprio perché libera non lo era più.

Nico aveva sperato in tutto questo fin dalla sera al Bar Centrale, quando era a cena con la fioraia, ignara di essere solo la pedina di un gioco d'amore di una difficile partita di scacchi, che non la riguardava.

Del resto Nico, anche se amava Imma, non avrebbe mai potuta sposarla perché le cinque sorelle erano sempre la sua preoccupazione, essendo tutte ancora in casa ed essendo lui il capofamiglia. Nico non aveva sensi di colpa verso Imma e alla sua famiglia perché, in cuor suo, sapeva di fare

Sitzen in rotem Kunstleder begleichen zu können. Zwischen Emilio und Imma hatte sich ein seltsames und unerklärliches Einvernehmen eingestellt, das sie ein scheinbar reiches und glückliches Leben führen ließ: die Abendessen, das Kino, das Theater im Winter und im Sommer der Tanz im Freien, wo sie Musik hörten und leidenschaftlich zu den damals beliebten Schlagern *Sei romantica, Volare, Una rotonda sul mare* tanzten.

Nie hätte Emilio soviel Leidenschaft auf die geheime Beziehung zurückgeführt, die Imma und Nico vor beinahe zwei Jahren wieder angeknüpft hatten, und von der Emilio, der im Übrigen unter rückwirkender Eifersucht litt, nie etwas erfahren hatte. Imma und Nico hatten sich bereits beim ersten Mal abgesprochen. Nico war Imma ins Bad gefolgt und hatte sie dort genommen, als hätten sie die Pensione il Sorriso im oberen Stock vor beinahe vier Jahren nie verlassen. Dann, während sie den Lippenstift auftrug, sagte Imma bloß: „Bis Freitag." Seit jenem Freitag traf sich Imma regelmäßig mit Nico, und zwei Jahre lang wurden die nachmittäglichen gesunden Spaziergänge Immas von der Schwiegermutter abgesegnet, die die Nase voll hatte von den langen Gesichtern im Haus und dieser Frau, die nie ausging. Nico war glücklich über eine Imma, die ihn nicht bitten konnte sie zu heiraten, und die sich mit Begeisterung und befreit hingab, gerade weil sie nicht mehr frei war.

Nico hatte seit jenem Abend in der Bar Centrale darauf gehofft, als er zum Abendessen mit der Blumenverkäuferin unterwegs war, die nicht wusste, dass sie bloß ein Spielstein eines Liebesspiels in einer schwierigen Schachpartie war, die sie nichts anging.

Außerdem hätte Nico, auch wenn er Imma liebte, sie nie heiraten können, weil seine fünf Schwestern immer noch seine Sorge waren, da er Familienoberhaupt und sie immer noch im Hause waren. Nico hatte Imma und ihrer Familie gegenüber keine Schuldgefühle, denn in seinem Innersten

un gran bene a quel precipitoso matrimonio e, se in fondo durava, era anche grazie alla sua costanza e fedeltà ad Imma. Solo Emilio non poteva essere grato a Nico. Non poteva, perché non ne sapeva l'esistenza e se lo avesse saputo lo avrebbe ucciso. Ugualmente non poté sottrarsi dall'allevare con amore il figlio di Nico e Imma, il secondogenito, perché il primo era il ritratto di Emilio e dubbi non ne ebbe mai, nemmeno Imma; ma il secondo... con quegli occhietti azzurri come nessuno ne aveva in casa. Lo chiamarono Fabrizio, come il padre di Emilio, così nemmeno Ines, con quel suo sesto senso animale, avrebbe dubitato della legittimità di quel figlio. A Rivo questi pensieri non venivano, anche perché per lui i figli sono di chi li alleva, sicché... e per la figlia si sarebbe buttato nel fuoco. Poi sperava di abbracciare un nipote, due gli parvero un vero miracolo e si spense felice a soli 56 anni coi nipotini seduti sul letto, giocando con loro ancora un poco, prima di chiudere sereno gli occhi per sempre.

Emilio ne avrebbe allevati anche altri, quattro per la precisione, ma Imma aveva imparato da una mammana come liberarsene e diceva che li perdeva spontaneamente. Imma si tenne tutto per sé, anche Nico non sapeva che Fabrizio era suo figlio, e lui, del resto non chiedeva niente a Imma perché „non si fanno domande ad altri per imporre la nostra risposta", e poi Imma aveva giurato in chiesa ad Emilio. Imma, inoltre, aveva promesso a Emilio che lei di sorprese non ne avrebbe fatte.

In un certo senso Imma non mancò al patto di fedeltà, anche se fu fedele a Nico e non a Emilio, e con Emilio non ruppe la promessa riguardo alle sorprese.

wusste er, dass er dieser überstürzten Ehe nur Gutes tat, die schlussendlich auch dank seiner Ausdauer und seiner Treue Imma gegenüber Bestand hatte. Nur Emilio konnte Nico nicht dankbar sein. Er konnte nicht, weil er nichts von seiner Existenz wusste, und hätte er es gewusst, hätte er ihn umgebracht. Gleichfalls konnte er sich nicht der Aufgabe entziehen, den Sohn Nicos und Immas, der Zweitgeborene, liebevoll großzuziehen, denn der Erstgeborene war das Ebenbild Emilios und Zweifel hatte er nie, auch Imma nicht. Der Zweite aber ... mit seinen blauen Äuglein, wie sie niemand im Hause hatte. Sie tauften ihn Fabrizio, wie Emilios Vater, so hatte nicht einmal Ines mit ihrem animalischen sechsten Sinn Zweifel an der Ehelichkeit jenes Kindes gehegt. Rivo kamen diese Gedanken nicht in den Sinn, auch weil für ihn die Kinder von dem sind, der sie großzieht, also ... für seine Tochter wäre er durchs Feuer gegangen. Auch hatte er immer gehofft, einen Enkel in die Arme nehmen zu können, zwei waren ihm als wahres Wunder erschienen, weshalb er mit sechsundfünfzig glücklich starb, mit den Enkeln auf dem Bett hockend, mit denen er noch ein wenig gespielt hatte, bevor er für immer die Augen schloss.

Emilio hätte auch noch andere aufgezogen, vier um genau zu sein, aber Imma hatte von einer Engelmacherin gelernt, sich ihrer zu entledigen, und sagte, es wären Fehlgeburten. Imma behielt alles für sich, auch Nico wusste nicht, dass Fabrizio sein Sohn war, und er stellte übrigens Imma keine Fragen, denn „man stellt anderen keine Fragen, um die eigenen Antworten aufzudrängen“, und Imma hatte Emilio in der Kirche geschworen. Außerdem hatte Imma Emilio versprochen, dass sie ihm keine Überraschungen bereiten würde.

In einem gewissen Sinn hielt sich Imma an das Treueversprechen, auch wenn sie Nico treu war und nicht Emilio, und Emilio gegenüber hielt sie das Versprechen, hinsichtlich der Überraschungen.

Un giorno giocando a palla in casa per via della pioggia i bambini sotto gli occhi di Imma, mandarono in frantumi i due cani di ceramica, troppo a lungo lì, immobili e pronti al riporto di una preda, di un sacrificio inutile in una probabile caccia.

Eines Tages, als die Kinder wegen des Regens im Hause Ball spielten, gingen vor Immas Augen die beiden Keramikhunde zu Bruch, die zu lange dort gestanden hatten, unbeweglich und zum Apport einer Beute bereit, eines unnützen Opfers in einer möglichen Jagd.

Indice

Sicilia

Toscana

Inhaltsverzeichnis

Sizilien

Toskana

Altri libri di Ada Zapperi Zucker:

I padri assenti
Due racconti
2017, 196 pagine, 11,80 €

La casa del nonno
Romanzo
2016, 264 pagine, 13,80 €

La Cucchiara
Racconti siciliani
2015, 174 pagine, 12,80 €

Un giorno a Bolzano
Racconti
2013, 224 pagine, 11,80 €

La scuola delle catacombe
Racconti sudtirolesi
2013, 224 pagine, 9,80 €

Teatro di ombre
Romanzo
2012, 200 pagine, 14,00 €

Le inquietudini della sora Elsa
Racconti
2011, 176 pagine, 13,00 €

Il silenzio
Romanzo
2009, 160 pagine, 12,00 €

Andere Bücher von Ada Zapperi Zucker:

Das Unbehagen der Sora Elsa
Erzählungen
2016, 214 Seiten, 13,80

Über Frauen und andere Geschöpfe
Storie di donne e altre creature
Zweisprachige Erzählungen
2015, 128 Seiten, 11,80 €

Ein Tag in Bozen
Vier Erzählungen und Fragmente einer Biographie
2014, 224 Seiten, 13,80 €

Theater der Schatten
Roman
2013, 256 Seiten, 11,80 €

Die Katakombenschule
Erzählungen aus Südtirol
2013, 248 Seiten, 11,80 €

Das Schweigen
Roman
2010, 168 Seiten, 16,80 €

Altri libri di Lorella Rotondi:

RACCONTI

Strapensieri
ovvero "Della ricerca dell'intero"
Edito da *Quaderni di "Collettivo R" Atahualpa,* Firenze 2001

POESIE

Gradini di vetro
Edizioni Stamperia dell'Arancio, Grottammare-Ap 2001

La misura del canto
Edizioni Giubbe Rosse, Firenze2003

Salterio per voce sola
Bandecchi&Vivaldi Editori, Pontedera 2010

LETTERATURA PER L'INFANZIA

Magia di un fiore. Zaf e Rano amici per la pelle
Edicolors Publishing, Genova 2004

Firenze raccontata ai ragazzi
Casa Editrice Bonechi, Firenze 2005

Vita nel vento
Edizioni Fatatrac, Firenze 2006

Mani di stelle
Lineadaria editore, Biella 2011

La voce del rospo
Vog Verlag ohne Geld e.K, Monaco 2013

Contro lo scoglio
Lorella Rotondi, Laura Nicoloso, Karin Martin
Editore L'Orto della cultura, Pasian di Prato-Udine 2014

Gedruckt in Deutschland
März 2017
Stampato in Germania
marzo 2017